グッドケア!! 本当の介護現場

笹山 周作 監修　辻尾朋子・舩木仁子 編著

大学教育出版

はじめに

2014年6月に『福祉施設経営革新』という本をNPO法人福祉サービス経営調査会の役員と社会福祉法人ささゆり会の職員18人で発刊しました。

この本は、福祉施設の経営について職員がどのように関わってい

くか、そして施設経営について何が必要か、何が大切か、どのように経営したら良いかを述べたものであります。

最近マスコミ等で老人介護分野について3K（汚い・きつい・危険）や4K（汚い・きつい・危険・給料が安い）と批判されていますが、その批判の内容が表面的なもので本当の真理をついていないのではないか、そしてそれは介護職の仕事の内容の理解不足に依る所が大きいのではないかと痛感し、このたび本書の発刊を決めました。介護職は相手の人生の完成期にその人に寄り添って尊厳ある生き方をサポートするとても大切な職業であります。人生の最期の10年間が幸せであったならその人の人生は、最高の人生であったと言えるのではないでしょ

うか。

　そして介護職という仕事を通して自分自身の人間性がより一層高まり、充実した人生が送れると確信しております。

　本書は、ささゆり会職員が介護現場で経験したことや思いを、写真や挿し絵を入れて執筆しました。これから介護分野の仕事に就きたいと考えている人に介護の仕事とはこんな仕事であると知っていただき、私たちと一緒に働きたいと思う人が一人でも増えればと心より願っています。

　企画から出版まで時間的余裕がない中で、この出版にご尽力くださった大学教育出版の皆さんに深甚なる感謝を申し上げます。

　平成 28 年 3 月

監修者　笹山　周作

職員が働く姿

「利用者様の帰室介助を行いながら、和やかに談笑しています」

「歩行訓練、お話をしながら利用者様と楽しく取り組んでいます」

「心を込めて、利用者様のお食事の盛り付けをしています」

iv

「楽しい昼食の風景、今日のメニューはカレイの煮つけです」

「食事前の体操を利用者様と共に行っています」

職員が働く姿 v

「毎食、職員が利用者様のお名前と食事形態、アレルギーなども確認しながら食事の準備を行っています」

「自宅にて担当者会議を行っています」

「自立支援を念頭に本人様のできる事を最大限に引き出しつつ、困難な部分のみの援助ができるよう心がけています」

「地区の民生・児童委員研修会で介護保険制度の説明をしています」

職員が働く姿　vii

「外出時、歩行が不安定な利用者様の介助を行っています」

「おやつ作りの際、包丁を利用者様が使うとき怪我のない様、声掛け・見守りを行っています」

「おやつ作りで、利用者様の手が電気鍋にあたり火傷しない様に、また焦げない様に見守り、介助をしています」

「利用者様と一緒に広畑天満宮に初詣に行きました」

「利用者様と一緒に広畑天満宮に初詣に行きました」

GOOD CARE !!
― 本当の介護現場 ―

目　次

x

はじめに………………………………………………… 笹山　周作…*i*

職員が働く姿………………………………………………………… *iii*

第1章　介護サービスとは何ですか、その本質を探ってみま
　　　　しょう ………………………………………辻尾　朋子…*1*

　1. 介護サービスとは何か　*2*

　2. 介護が必要となった時、どこで暮らし、誰が介護を担う
　　　のですか？　*4*

　3. 日本の介護サービスはどうなっているのですか　*8*

　4. 介護の専門職その活躍の場の拡大を　*9*

第2章　介護に携わるお仕事 ……………………………… *11*

　特別養護老人ホームの介護職員 ……………… 八木さおり…*12*

　デイサービスの介護職員………………………… 立花　知之…*15*

　ヘルパーステーションの介護職員…………… 藤木　道子…*18*

　特別養護老人ホームの管理栄養士 ………… 毛利　恵子…*21*

　特別養護老人ホームの看護師 ………………… 早川さつき…*24*

　居宅介護支援事業所の介護支援専門員 … 長谷川英子…*27*

　地域包括支援センターの介護支援専門員…… 吉田みはる…*30*

第3章　職員の介護実践・思い ………………………… *33*

　利用者様と関わるなかでのやりがい ……… 浅田　みき…*34*

利用者様の思いに寄り添う支援 …………… 木村　友紀…*41*

利用者様と向き合う大切さ ……………… 河内　彩恵…*47*

日々の成長を実感できる仕事 …………… 八木さおり…*53*

利用者様との関わりから見えてくるもの …… 柴田　真弓…*58*

介護支援専門員として利用者様と向き合う… 大部　美江…*62*

施設で働く看護師の利用者様との関わり …… 早川さつき…*68*

どんな時も利用者様と笑顔で接する ……… 山岡　宏美…*72*

介護の仕事のおもしろさ ………………… 片岡　　愛…*77*

地域包括支援センターと地域のつながり …… 岩崎　康子…*80*

第4章　働きやすくモチベーションを高める職場環境…… *85*

働き続けたい職場 ………………………… 岡垣　弥生…*86*

管理栄養士から看護師を目指す!! ………… 勝目　修司…*92*

介護の仕事は奥が深い ………………… 改発　幸世…*99*

資格取得・研修による成長 …………… 植田　悠美…*105*

資格取得・研修を利用して質の向上を目指す

………………………………… 千葉さおり…*111*

訪問介護事業所管理者としての挑戦 ……… 芦田紗矢香…*116*

管理栄養士から介護支援専門員へ転身 …… 長谷川英子…*119*

仕事を任されることで成長する …………… 船引　章延…*122*

施設がサポートする資格取得 …………… 舩木　仁子…*128*

働く場所を選ぶポイント ………………… 西川　明茂…*133*

xii

仕事と家庭の両立の実現 ……………………… 首藤　恵理…*136*

第5章　これからの新たな挑戦 ……………………………… *141*
誇りある法人づくりは、誇りある職員づくりから

　　　　　……………………………………………… 植田　　智…*142*

おわりに ― 本書を通して何を学びとらねばならないのか ―

　　　　　………………………………… 辻尾　朋子・舩木　仁子…*150*

資料　ささゆり会施設一覧………………………………… *152*

執筆者一覧………………………………………………… *154*

第 1 章

介護サービスとは何ですか、
その本質を探ってみましょう

　ここでは、介護サービスや介護の専門職とは、どのようなものかを簡単にまとめました。介護が必要になった時、介護サービスをどこで誰から受けるのか、どのような生活が自分らしい生活なのかを考えてみましょう。

流通科学大学
社会福祉実習助手　辻尾　朋子
（資格：社会福祉士、介護福祉士、
精神保健福祉士）

1. 介護サービスとは何か

　介護は社会問題の1つとなるぐらい、日本の中では大きな問題です。それは日本人の寿命が延びたことや少子化、介護の担い手不足の深刻化、介護を受けたくても受けることができない介護難民など様々な問題と絡んでいるからです。

　介護の歴史をさかのぼってみると、昔は介護は看護の領域に含まれていました。しかし、社会の進展や医療技術の発達に伴い、看護は医療補助としての働きが求められ、一方で生活の営みを支える介護という考えが出てきたと言われています。

　介護サービスは介護する側が一方的に行うものではありません。介護される側とする側のお互いが成長し合い、自己実現が可能になるものだと思います。介護は決して誰かの犠牲の上に成り立っているものではありません。

（1） 尊厳を支える

　自己決定の積み重ねが尊厳ある生活に結びついていきます。食事、排泄、清潔保持といった生理的に必須の機能を満たしながらも、その人らしい生活習慣や生活リズムを尊重し、心理的状況、社会的関係等にも配慮することで、その人の尊厳を保つことになります。

　利用者一人一人にそれぞれの歴史があり、その延長上に現在の生活があります。そのことを理解し、介護が必要となっても今までの暮らし方が継続できるようにすることが大切です。

　介護を受けなければならない状態が長く続くと、「申し訳ない」という思いや周囲に迷惑をかける存在だという気持ちになってしまいます。これは尊厳を奪われた状態であるということができます。介護職員は利用者に役割を理解してもらったり、「近くにいてくれるだけで嬉しい」「元気をもらっている」と声かけをしながら、利用者はかけがえのないの存在だと尊ぶ姿勢を常に表すことです。

（2） 自立を支える

　自立支援とは「できないことを自力でできるようにする」という狭い意味ではありません。また、至れり尽くせりの介護をして、利用者の意欲や主体性を奪い去ってしまうことでもありません。介護を必要とする人の生活意欲を高め、その人が自ら

の選択と決定に基づいて充実した生活を送ろうとすること支えることです。

　例えば、自分で食事を食べられる利用者でも2時間もかけてしまうと、食事を食べるだけで疲れ果ててしまい、味わい食事の時間を楽しむことができず、栄養を摂取する行為になってしまいます。これでは利用者が他の楽しみや生活意欲が湧いてくるとは言い難い生活になってします。利用者にはじめは自分で食べてもらい、途中から介護するようにして機能の維持もしつつ食事の時間を楽しんでもらうように支援することでQOL（生活の質）が高まると考えます。自立を支えることは難しいことです。利用者と介護者の信頼関係や利用者の思いを理解し生活の実現を支えるという専門性が高いものです。

　2. 介護が必要となった時、どこで暮らし、誰が介護を担うのですか？

　家族が、介護が必要となった時、どこで暮らし、誰が介護を担うのかということは大きな問題だと思います。

　介護はもともと家族機能の一部として家庭で営まれてきたものでした。高齢化社会を迎え、高齢者の問題の深刻化により、社会福祉施設が整備され介護の主体に家族以外の者が含まれることとなり介護を主な業務とする職種（介護職）が登場しまし

た。介護の対象が拡大し国家資格をもつ専門職が求められるようになり、昭和62年「社会福祉士及び介護福祉士法」が制定され、福祉に関する相談援助業務を専門とする社会福祉士と、介護を専門業務とする介護福祉士が誕生しました。

（1） 専門職介護と家族介護の違い

　家族介護と専門職介護を同じと考えている方も多いかもしれません。相手のために何かしたいという気持ちは同じだと思いますが、介護を動機付けるものが大きく違います。家族の場合は、家族愛が動機となり、専門職の場合は、人権や生命の尊厳という職業倫理が動機となり行動に結びついています。また、介護も、家族の場合は生活経験に基づき相手の不自由を補完するためのものとして、専門職の場合は、専門的な知識技術に基づく相手のニーズの実現を目指した計画的な介護です。この両者のどちらかが勝っているということではありません。利用者にはどちらも必要なのです。

　例えば、施設で快適に過ごされている利用者が「家族に会いたい」「寂しい」とおっしゃられます。この利用者の思いに介護職は寄り添うことはできても、思いを満たすことは家族にしかできません。また、家族だけで介護をされている場合、24時間目を離せない状況になったり、介護に対して不安になったり、体調を崩しても介護をし続けなければなりません。家族の

生活が成り立たなくなってしまい、利用者だけでなく家族みんなが不幸になってしまいます。

　どちらか一方を選択するのではなく、利用者と家族の状況や思いに合わせて介護を担う部分を選択し、利用者にとって豊かで楽しい充実した生活がおくることができるように協力することが大切なことだと思います。

（2）　介護サービスはどこで受けるのですか

　高齢者が生活している場所は、特別養護老人ホームや病院というイメージを持っている人が多いかもしれませんが、施設や病院で生活している高齢者は5.7%であり、多くの高齢者は自宅で生活しています。

　最期まで自宅で暮らせることが理想ですが、室内の段差やトイレなどのバリアフリーの問題、通院や買い物が困難になることや介護が必要となることがあります。このような時、改めて住まいや生活環境を見直すことが必要になります。

　介護が必要となった時、どこで介護サービスを受けるかは大きな問題です。

　大きくは、在宅でサービスを受けながら暮らす、施設で暮らすことの2つに分かれます。どちらにもメリット・デメリットがあります。

　自宅で生活しながらサービスを受ける場合は、利用者・家族

第1章　介護サービスとは何ですか、その本質を探ってみましょう　7

を中心とした人間関係や長年にわたって培われてきた生活習慣や暮らし方を尊重することができます。しかし、必要な時に急に対応することや24時間、365日の継続的な介護を保障することは難しいです。また、住んでいる場所によってサービス量が異なるため、どこでも十分なサービスが受けられるとは限りません。サービスの間を埋めるのは、家族となり介護の協力が必要になります。

　施設でサービスを受ける場合は、365日24時間専門職が対応してくれます。しかし、特別養護老人ホーム（以下「特養」）の入所を待つ高齢者は、年々増加していることや要介護度3以上でなければ入所することができない。など入所することが難しいという面もあります。介護老人保健施設、病院は健康状態が良くなれば退所しなければなりません。

　現在の介護保険のサービスには在宅か施設かという極端な選択しかありません。また、特養も数ない状態なために、入退所を柔軟にすることは難しい状況です。高齢になるほど介護量が増え、終日介護が必要となります。利用者や家族の状況に合わせ柔軟に対応することができれば、自宅での生活を安心して送れるのではないかと思います。

3. 日本の介護サービスはどうなっているのですか

　高齢者の介護を社会全体で支え合う仕組みとして介護保険制度は、2000（平成12）年に始まりました。この制度が創設された背景には、人口の高齢化が進行し、介護や支援を必要とする高齢者が増えたこと、高齢者の介護は家族だけで担えなくなり、介護の社会化の運気が高まったことなどがあげられます。今や介護保険は高齢者の生活にとって不可欠のものとなりました。

　介護保険制度は、市区町村が保険者となって運営されています。40歳以上の国民が納める保険料と税金で運営され、「65歳以上の高齢者」と「40歳から64歳までの特定疾患の患者」が介護や支援が必要と認定されたときには、費用の1割もしくは2割をサービス事業者に支払って、サービスを利用する仕組みです。

　介護保険では、要介護度に応じて受けられるサービスが決まっていますので、自分の要介護度が判定された後は、自分が「どんな介護サービスを受けるか」「どういった事業所を選ぶか」についてサービス計画書（ケアプラン）を作成し、それに基づきサービスの利用が始まります。

　介護保険適用のサービスには様々な種類がありますが、大き

く「居宅サービス」「施設サービス」「地域密着型サービス」というサービスの種類に分けることができます。

4. 介護の専門職その活躍の場の拡大を

　介護の仕事は社会的責任や公益色の強い仕事だと思います。しかし、介護の仕事を担う専門職の本当の姿はあまり知られていないというのが現状です。生活を支えることは淡々としていて地味なものであり、はっきりと目に見える成果として現れないのでわかりづらい仕事かもしれません。老いることや死をタブー視し、介護や看取りのことを対等に話し合える場が社会的に少ないように感じます。介護の専門職は、施設の中や制度の中だけに留まらず、介護予防から看取りまでの幅広い介護ニーズに対応することができる専門性を活かし、地域や社会のニーズに答える必要があると感じます。そのためには情報発信を積極的に行い、介護の現場を知ってもらう必要があります。

　また、専門職自身が自らの可能性を決めつけず、さまざまな分野と関わりをもつことにより、介護サービスの質の向上や新たな介護サービスが生まれるのではないかと思います。介護分野は発展途上であり、今後、利用者・家族のニーズに合った形に変形し多様化していくと考えられます。そして、日本だけに留まらず、日本の介護の考え方を海外に発信し、海外への介護

の専門教育やサービスにつなげて行くことも必要となってくると考えられます。

　老いと戦うということではなく、老いてもなお自分らしく生き続ける社会をめざし介護の専門職として支援し続けられるように常に質の向上をしていかなければなりません。

参考文献

・井上千津子『介護福祉とは何か』一橋出版、2001 年。

・社会福祉学習双書編集委員会『老人福祉論 ― 高齢者に対する支援と介護保険制度』全国社会福祉協議会、2013 年。

第 2 章

介護に携わるお仕事

　ここでは、特別養護老人ホームやデイサービスなどの職員が高齢者介護の現場に関わる仕事についたきっかけややりがい、1 日のスケジュールをまとめました。

　具体的に介護の仕事の内容を知り、イメージしてみましょう。

特別養護老人ホームの介護職員

特別養護老人ホーム
サンライフ土山
ユニットリーダー　八木さおり
（7年目　資格：介護福祉士）
（平成1年生まれ）

仕事についたきっかけ

両親が共働きだったため、幼少期に祖父母に面倒をみてもらっており、とても可愛がってもらっていました。そのことがきっかけで将来は高齢者の役に立ち、関わる仕事がしたいと思い、この道を選びました。

やりがい

リーダーとして職員をまとめることは大変ですが、利用者様にとって楽しみや生きがいを皆と共有し、同じ目標に向かって行動し達成できたときは、自身の達成感にも繋がります。そして何よりこの仕事をのやりがいは、人から感謝をされることです。利用者様や家族様から「ありがとう」の一言をいただけるとこの仕事をやっていて良かったと思います。

大変なこと

利用者様のなかには意思疎通が困難な方、食事・水分が摂りにくい方など、支援が難しい方もいます。そのような利用者様たちへの支援方法を考えるのは大変ですが、何か反応が得られたり、変化があったときはとても嬉しく、達成感を感じます。

八木さんのある1日

- 9:30　出勤　早出者からの引き継ぎ
  利用者様の状況など情報共有をします。
- 9:50　朝礼　ラジオ体操
- 10:00　入所者の送迎
- 11:00　入所者の荷物チェック
- 11:30　昼食準備　食事の前には口の体操を行います。
- 12:00　昼食の見守り・介助　食事形態やむせや飲み込みな

ど食事の様子を観察します。

13:00　休憩

14:00　入浴介助　1対1でゆっくり入浴をしてもらいます。
　　　　このとき全身チェックをして、皮膚状態の観察など
　　　　をします。

15:00　おやつの介助

16:00　リハビリの介助　利用者様の機能維持のために日常
　　　　の中にリハビリを取りいれています。

17:30　夕食準備　自助具やエプロンの準備をします。

18:00　夕食の見守り・介助

18:30　就寝準備　パジャマに更衣し、ゆっくり休んでいた
　　　　だけるよう環境を整えます。

18:45　ケース記録作成
　　　　利用者様の言動や行動なども細かく記録を残しま
　　　　す。

19:00　勤務終了

デイサービスの介護職員

デイサービスサンライフ田寺
介護職　立花　知之
（3年目）
（昭和62年生まれ）

仕事についたきっかけ

　人とのコミュニケーションが中心の仕事に就きたいと考えたことが主なきっかけです。福祉大学卒業後4年間、一般企業に勤めていましたが、デスクワークでコミュニケーションが少なくやりがいを感じられず、介護の仕事に転職しました。

やりがい

　初めは介護サービスを利用する事に抵抗を持っていた方が、デイサービスを利用していくうちに「今はデイサービスに来ることが一番の楽しみ」と言われるなど、利用者様との大きな信頼関係が築けた時です。

大変なこと

利用者様の小さな変化に気づき、見逃さないことです。年齢を重ねると自身の症状の変化に鈍感になってしまいます。髪型など外見の変化も大事ですが、身体面・精神面の変化に気づくことが大変なことですが、私が最も大切にしていることです。

立花さんのある1日

 7:30　一日の準備
 8:00　利用者様の自宅へお迎え
　　　　一日の始まりの挨拶　ここが一番重要です。
 9:30　個別レクリエーション　利用者様の能力に応じて提供します。
11:30　昼食　利用者様の様子を観察しながら、食事が進まない利用者様に声掛けを行います。

12:30　休憩
13:30　外出レクリエーション
　　　　お天気が良かったので近く公園へドライブに出かけました。

15:30　終わりの会　一日の終わりを全員で労い、利用者様に今日の感想などお聴きします。
16:00　利用者様の自宅へお送り
　　　　運転に気をつけ、安全にお送りしています。
16:30　勤務終了

ヘルパーステーションの介護職員

ヘルパーステーション
サンライフ御立
管理者　藤木　道子
(11年目　資格：介護福祉士)
(昭和49年生まれ)

仕事についたきっかけ

　結婚し育児を経験していく中、社会とのつながりを持ち続けたいと思う様になりました。祖父母との関わりが多かった事もあり、人生の大先輩から多くの事を学び、自分の学びを社会に貢献できる職業だと感じ、この道に進みました。

やりがい

　最初はなかなか心を開いてくださらない利用者様と徐々に信頼関係を築けて行く中で、自分のケアで利用者様の生活の質が向上していく過程が実感できることです。

　人生の集大成を迎えておられる利用者様の残された貴重な時間に寄り添う事ができ、一人ひとりに丁寧に向き合える事が、ヘルパーの醍醐味です。

大変な事

　個人対個人の対応になる事が多く、人間関係がダイレクトに影響してしまうことです。ヘルパーの援助を受け入れてもらえなかったり、理不尽な要求をされたり…身体だけではなく、精神的にも力のいる仕事です。

　何が今一番必要か…を利用者様の言葉の端々・行動から汲み取る力や判断力も培っていかなければなりません。ヘルパーは些細なことも一番に気づくことのできる、利用者様に一番近い存在なのです。

藤木さんのある1日

　9:00　利用者様宅へ訪問介護（ごみ出し・掃除）
　9:45　利用者様宅へ訪問介護（買い物・掃除・体調確認）
　11:00　利用者様宅へ訪問介護（掃除・洗濯・体調確認）

12:00 昼休憩 いつも利用者様宅へ1人で訪問しているので、ヘルパー同士情報交換の大切な時間になります。

13:30 訪問調整・打ち合わせ 訪問時間や担当ヘルパーの調整を行います。

15:30 利用者様宅へ訪問介護(洗髪・調理・掃除) できることは利用者様も一緒にやっていただいています。

17:30 事務作業 訪問した利用者様の援助内容を記録したり、介護支援専門員への連絡調整を行います。

18:00 勤務終了

特別養護老人ホームの管理栄養士

特別養護老人ホーム
サンライフ土山
管理栄養士　毛利　恵子
(11年目　資格：管理栄養士、
　　　　介護支援専門員)
(昭和57年生まれ)

仕事についたきっかけ

　食べることが大好きでした。また、子どものころからお菓子作りが好きで、自分の作ったお菓子を食べて「おいしい！」と言ってもらえることがとてもうれしかったので、人が笑顔になる、食べることに関係した仕事がしたいと思いました。

やりがい

　365日食事を提供するため、献立作成には頭を悩ませます。また、おいしさと食べやすさ両方を適えるのは大変ですが、利用者様から「おいしかった」「いつもありがとう」と笑顔で

声をかけてもらえることにやりがいを感じます。

大変なこと

　管理栄養士は施設に 1 人しかいないため、何かに迷ったり悩んだりした時に相談する相手がおらず、孤独になりがちです。他の施設や管理栄養士の資格保有している職員に相談したりしています。

毛利さんのある 1 日

9:00	出勤　調理室に入って昼食調理・配膳をします。利用者様の食事形態に合わせ調理します。
11:00	昼食調理時の後片付け
11:30	昼食配膳
12:00	利用者様の食事の様子を観察　味付けや食べやすさなどを直接意見を聞きます。
13:00	休憩
14:00	事務仕事　献立を考えたり、食材の発注をしたり、利用者様の栄養ケアマネジメントを立てたりします。施設に栄養士が 1 人しかいないので大変です。
18:00	勤務終了

第 2 章 介護に携わるお仕事 23

特別養護老人ホームの看護師

ユニット型老人ホーム
サンライフひろみね
看護師　早川さつき
（8年目　資格：看護師）
（昭和36年生まれ）

仕事についたきっかけ

　私が高校生の時に、母が入院し看護師の仕事を見る機会が多くなり人と接する事で色んなことが学べ、遣り甲斐のある仕事だなと思い、この仕事を選びました。また施設勤務は、夜勤もなく家庭と仕事が両立できるからです。

やりがい

　利用者様を通し、様々な考え方ができるようになり、人として大切なことが学べ、自分にとっての人生、生き方などを考えられることです。

第 2 章　介護に携わるお仕事　25

大変なこと

利用者様の状態が急変したときの対応です。判断を誤れば命の危険が伴うので責任は重いです。日々利用者様と関わり、介護職の訴えに耳を傾け医師と連携が取れる体制を整えています。

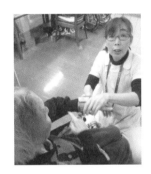

早川さんのある1日

9:00　出勤　パソコンで、要注意者検索を行い、その後観察に訪室します。

10:00　申し送り　利用者様の健康状態について看護師から介護職員への注意事項などを伝えます。

10:30　内服準備　氏名、内服に間違いがないか何重にもチェックを行います。

11:00　処置しながら状態観察

12:00 食事介助

13:00 休憩

14:00 協力医の往診対応　利用者様の様子を伝え、医師からの指示を受けます。

15:00 利用者様の状態観察　お話をしながら、利用者様の様子や訴えに耳を傾けます。

16:00 記録　利用者様の健康状態や様子、指示などを細かく記録に残します。介護職が見てもわかるように記録します。

17:00 食事介助

17:30 夜勤者へ申し送り　夜間帯の対応について確認を行います。

18:00 勤務終了

居宅介護支援事業所の介護支援専門員

さくらデイサービス大津
居宅介護支援事業所
介護支援専門員　長谷川英子
(10 年目　資格：管理栄養士、
　　　介護支援専門員)
(昭和 58 年生まれ)

仕事についたきっかけ

管理栄養士として、食事介助など利用者様と接するようになりもっと見近に利用者様と接したいと思いケアマネジャーの資格を取得しました。

やりがい

利用者様やご家族様から「ありがとう」と笑顔で感謝の言葉をいただくとよかったなと思います。

大変なこと

在宅生活が難しいと思える利用者様のケアプランを利用者様、家族様、事業所とともに考えることです。しかし、快適に生活を送っておられる姿をみると、大変だったけれどチームで

とことん話し合った甲斐があったと励みになります。

長谷川さんのある1日

 9:00 出勤　記録や訪問予定の確認、準備をします。
 9:30 電話対応、事務業務　ご家族様、利用者様、各関係事業者からの電話対応や事務作業を行います。
10:00 利用者様宅を訪問　現在のサービス利用について本人様、家族様にお聞きしサービス内容の確認をした上で、来月の利用票の確認、モニタリング行います。
11:00 事業所内で相談　利用者様のサービス利用にあたり困った事があれば、他のケアマネジャーにアドバイスをもらいます。
12:00 休憩　他事業所との大事な情報交換の場となっています。

14:00 　サービス担当者会議　サービス利用について本人
　　　　　様、家族様の意見を中心に事業者間で意見の交換、
　　　　　共有を行います。

16:00 　利用者様宅を訪問　近いお宅には自転車で訪問しま
　　　　　す。

17:00 　1日の書類の整理、電話
　　　　　対応　今日1日の業務の
　　　　　記録や整理を行い、各事
　　　　　業所からの報告や連絡事
　　　　　項の確認を行います。

18:00 　勤務終了

地域包括支援センターの介護支援専門員

姫路市安室地域包括支援センター

管理者　吉田みはる

（10年目　資格：管理栄養士、介護支援専門員）

（昭和52年生まれ）

仕事についたきっかけ

居宅介護支援事業所でケアマネジャーとして勤務していましたが、主任ケアマネを取得し、法人が姫路市より受託している地域包括支援センターへと異動になりました。

やりがい

地域包括は65歳以上の高齢者の総合相談窓口となっており、高齢者人口が増え続けているなか重要な役割を担っています。様々な相談があり、求められる支援も様々です。他職種とうまく連携がとれたり、相談者様や地域の方々と信頼関係が築くことができ親しく声をかけていただけるようになるとうれしく思い、この仕事をやっていてよかったなと実感します。

大変なこと

人前に出て話をするのが苦手でしたが、地域包括支援センターではそういった機会が数多くあります。地域の方にどうしたらわかりやすく説明ができるのか、どうしたら興味を持っていただけるのかいつも頭を悩ませています。

吉田さんのある1日

 8:30 出勤　職員全員顔を合わせ、朝礼を行います。今日の予定・連絡事項等確認します。

 8:40 電話対応・事務作業　ケアプランの作成や相談記録の作成を行いつつ、電話対応をします。

10:00 地域での講座　地域での要望に合わせ、講座を行います。介護保険の説明をしたり、皆さんで歌体操を行ったりします。

12:00 休憩
13:00 訪問　担当の利用者様を訪問します。サービスの利用状況やあらたな要望などがないか確認します。
15:00 ケアマネ研修リーダー会議　地域のケアマネジャー対象の研修会を年4回開催しています。その研修会の打合せをします。
17:00 来客対応　民生委員様が来所され、地域の相談や今後のふれあい喫茶の予定確認等行います。
17:30 勤務終了

第 3 章

職員の介護実践・思い

　ここでは、職員が利用者様との関わりを通してやりがいを感じたり、学んだり、奮闘していることをそれぞれの職員がエピソードを入れながらまとめました。

　働いている職員がどんなことを思い、利用者様や介護の仕事と向き合っているのかを考えてみましょう。

利用者様と関わるなかでのやりがい

特別養護老人ホーム
サンライフ御立
介護職　浅田　みき
（4年目　資格：社会福祉主事）
（平成1年生まれ）

小さな気づきの大切さ

　私は、特別養護老人ホームに入職して4年目になります。入職したばかりの頃は、何も分からず戸惑うことばかりでした。施設には、色々な方が入所されています。認知症の方が多くおられますが、同じ認知症であっても一人ひとり違います。そういう方々に対して、どのように接したら良いのかが分かりませんでした。そんな私はまず、利用者様一人ひとりのことを知ろうと思いました。この方はどんな性格なのか、昔はどんな仕事をしていたのか、趣味は何なのかなど、情報を集めました。何も知らずに関わるのと、1つでもその方についての情報を知ってから関わるのとでは大きく違ってきます。初めて会話するときは、お互いに緊張感やぎこちなさがあります。会話の内容も、何を話そうかな？　と考えてしまいます。そこで、1つで

もその方の情報を知っていると会話もスムーズに進むことが多いのです。例えば、「○○さんは、昔先生をされていたのですよね？」と話しかけると、「あんたよう知っとんな。昔は○○高校で社会を教えとったんや。」などと、昔の話をどんどんとしてくださいます。認知症の方は、新しい事を記憶することは難しいですが、昔の記憶はよく覚えておられます。普段の日常会話のときとは違った、生き生きとした表情で話される方が多いように思います。そこでその方の新たな一面を発見することができますし、あまり話をしない方だと思っていたけれど、こんなに話ができる方なのだという気付きにもなります。

　特別養護老人ホームには、会話ができる方ばかりではなく、認知症が重度で会話ができない方、身体の障害が重度で、自分で体を動かすことができない方等が入所されています。そういう方たちと関わっていくことは、本当に難しいと思っていました。しかし、様々な理由で会話ができない方たちも、他の方と同じように接していけばよいのです。喋れなくても、耳が良く聞こえていたり、目が良く見えていたりします。手を握って話しかけることを毎日続けていると、表情に変化が見られてきます。笑顔が多くなったり、反対に表情苦が見られたりなど、表情が豊かになっていった方もおられました。これも、毎日その方と関わっているからこそ分かることだと思います。ただ単に何も考えずに関わっていては、気が付けないような小さな変化

ですが、その変化に気が付けたときは大変嬉しかったのを今でも覚えています。小さな変化に気が付けるようになると、体調の変化にも気が付くことができます。「今日はいつもより寝ている時間が長いな。」「身体が浮腫んでいるな。」「車椅子に座っているのがしんどそうだな。」などに気が付くことができると、病気などの早期発見にも繋がります。自分で訴えられない方の気持ち、思いを汲み取ることも私達介護の現場の職員にとって大切なことと言えます。

看取り介護を通して学んだこと

私が働いている施設では、「看取り介護」をしています。最期のときを、御家族様、私たち職員と施設で一緒に迎えます。最期を迎えるのは「病院」というイメージを持たれる方が多いかもしれません。しかし、同じ最期を迎えるのなら今まで生活してきた場所で、顔なじみの人と一緒に過ごすことが良いのではないか？ と私は感じています。

介護の仕事をしていると、利用者様の「死」に関わることは少なくありませんし、避けては通れないことです。いつ何が起こってもおかしくない方ばかりが入所されています。そのような利用者様方に、どのように過ごしていただくのか、どのような事ができるのか…。最期を過ごす場所がここで良かったと思っていただけるように、日々関わっていかなければならない

と思っています。また、利用者様、御家族様はどんな事を望んでいるのかなども汲み取っていかなければならないと思っています。御家族様と利用者様のことについてお話しする時間は大切な時間だと思います。

　もちろん、なかには急に亡くなってしまわれる方もおられます。「もっとお話しをしておけばよかった。」「もっと一緒にこんなことをすればよかった。」などと、後悔をしたことがあります。しかし、後悔をしてからでは遅いということを身に染みて感じました。私はその方に、そのことを教えていただいたと思い、毎日後悔のないように利用者様と関わっていこうと決めました。

最期に関わらせてもらうことはありがたいこと

　入職したばかりの頃は、利用者様の「死」に関わることが「怖い」と思っていました。初めて利用者様の「死」に直面したときは、怖さや不安が大きく、一番大きかったのはショックでした。いままで長い時間を一緒に過ごしてきた利用者様が亡くなるということは、大変悲しいことでした。それと同時に、私には何ができただろう？　なにもできなかったかもしれないと反省しました。そこからは、残された時間をどのように過ごしていただくのが良いのかを考えるようにしました。もちろん、利用者様が亡くなることは悲しいことですが、人には必ず

「死」が訪れます。その方の最期の時間に関わらせていただく
ということは、とても貴重なことであり、ありがたいことだと
思います。その貴重な時間に、私たち職員は何ができるのか、
利用者様・御家族様に満足していただくためにはどうしたら良
いのか…。まだまだ私たちも勉強途中であり、反省することも
たくさんあります。私たち職員だけでは、できないこともたく
さんあります。そんな時は、御家族様に協力していただくこと
が大切だと思います。「看取り介護」は、職員が中心ではあり
ません。利用者様・御家族様が中心になっていただいて、職員
がその補助をします。できるだけ希望に添うことができるよう
に環境を整えます。サンライフ御立は、24時間面会が可能で
す。なかには、御家族様が順番で泊まり込み、最期の時間を過
ごされる方もおられます。そのような所では、良い環境作りが
できているのではないかと感じています。もちろん、なかには
御家族様がいないという利用者様もおられます。そのような場
合には、私たち職員が家族の代わりになり、できることを考え
ていきます。

利用者様の最後の誕生日

　今までたくさんの方を看取ってきましたが、印象に残って
いる方がおられます。その利用者様は、少しずつご飯が食べら
れなくなり、昼間でも眠っている時間が長くなり、いよいよお

見送りの心構えが必要な時期に来たと感じていました。利用者様は、一週間後に誕生日を控えておられ楽しみにされていました。私たちは毎日その利用者様に声をかけ、そして誕生日会を開こうと考えました。もちろん、起き上がって車椅子に座るということはできない状態だったので、ベッドの周りを飾り付けしました。健康状態が少し悪くなってきたので、当日より少し早めに職員みんなで、誕生日のお祝いをしました。利用者様が言葉を発することはありませんでしたが、手を動かしたり、目を開けたりという反応があり、喜んでもらえたんだと思いました。それから徐々に状態は悪くなっていきましたが、その利用者様は誕生日を迎え、誕生日の日にたくさんの職員が見守る

作　板東貴美子

中、亡くなられました。その方は、寂しがり屋な方で賑やかな雰囲気を好まれる方でした。私たちは最期の瞬間まで、声をかけ続けました。振り返ってみると、その方にとってぴったりの看取りができたのではないかと思いました。

　介護現場の仕事は、良いことばかりではありません。中には、大変なことや悩むこともたくさんあります。しかし、少しでも良いことがあると、そこに大きなやりがいを感じます。もっと頑張ろうと思います。そのやりがいを多くの人に感じてほしいと思っています。

居室にて利用者様とともに

利用者様の思いに寄り添う支援

ユニット型老人ホーム
サンライフひろみね
ユニットリーダー　木村　友紀
（5年目　資格：社会福祉士、
　　　　　　介護福祉士）
（昭和63年生まれ）

トライやる・ウィークがきっかけで介護職員になる

　私は、中学時代のトライやる・ウィークでデイケアに行ったことがきっかけで、介護職を目指すことにしました。祖父や祖母と仲の良かった私は、高齢者の方々と話をするのが「楽しい」と感じていました。実際、トライやる・ウィークとしてデイケアに行った際も利用者の方々と一緒に過ごす時間が自然なものに感じられたことを今でも覚えています。同じ空間にいることが自然で違和感がないということは、特別なことではないように感じるかもしれませんが、とても重要なことであると私は考えます。この経験が私の将来に大きな影響を与え、「将来は福祉の仕事がしたい」と思うようになり、福祉系の大学に進学し、現在に至ります。

利用者様の意向を把握し、自立支援につなげる

　就職してみると実際の介護現場の実情と大学で自分が学んできたことにギャップを感じることもありました。学生時代に約1か月間実習に行ったとはいえ、経験は浅いため、最初は戸惑うことがたくさんありました。「辛い経験や辞めたくなったことが1度もない」とは言いません。しかし、私は今も介護職を離れてはいません。それは、介護職に魅力があるからです。その魅力の1つであり、大部分を占めているのが、「利用者様との関わり」であると私は考えます。

　支援者として利用者様と関わりを持つ際、最初に必要なことは、利用者様の意向・要望を把握することだと思います。私が現在勤務している「ユニット型老人ホームサンライフひろみね」は、各ユニット10名（9名）で、家庭的な雰囲気があり、各利用者様とのコミュニケーションも密にとれ、利用者様の思いに寄り添いやすい環境にあります。その環境を活かし、私自身も利用者様との日々のコミュニケーションを大切にしています。また、利用者様の中には、認知症の方もたくさんいらっしゃいます。私たち支援者は、利用者様一人ひとりの価値観や世界観を壊すことなく、受け入れながら対応することが必要となります。コミュニケーションの基本は、「傾聴」「受容」「共感」と言うように相手のことを否定せず、受け止めるという姿勢が必要なのです。言葉で表現すると簡単に聞こえますが、対

人間なので、悩んだり、時間がかかったりするものです。しかし、そこで諦めるのではなく、向き合う姿勢を崩さなければ、道は見えてきます。

　また、利用者様の意向をしっかり把握した上で、その思いをできる限り反映できるように自立支援をしていきたいと考えています。そのためには、利用者様本人が自分でできることややりたいことを見つけることが大切です。「自立支援のために、自分でできることは、やってもらいたい」という私たち支援者側の思いだけで、支援を開始しても、利用者様側からすると「やらされている」と苦痛にしか感じないこともあると思います。そうならないように利用者様自身の思いにも耳を傾け、利用者様のペースで、1つずつできることを増やしていきたいと思っています。例えば、「外に出て美味しいものが食べたい」というようなことでも、実現できなければ、「思うだけ無駄」と感じてしまうかもしれませんが、実現できれば、「また行きたい」「今度は、○○が食べたい」など、希望が広がると思います。実現可能なことから1つずつ、一緒に叶え

作　板東貴美子

ていくことが質の高い自立支援であり、それができるように努力していく必要があるのです。

看取りは介護職員の最後の仕事

　高齢者福祉の現場で働く上で、切っても切れないのが「死」と向き合うことです。誰でも死を目の前にすると不安に襲われると思います。本当は自宅で最期を迎えたいと思う人が多いと思います。しかし、様々な事情があり、それが叶わない場合、施設や病院で最期を迎えることになるでしょう。「看取り」とは、支援者としての最後の仕事であり、今まで積み重ねてきたものの集大成だと思います。私たちは、施設で働く職員として、「看取り」についてしっかり学び、それぞれが「どんな最後を迎えたいのか」また「その思いに少しでも寄り添えるようにするにはどうしていけば良いのか」を考えていく必要があります。「何が食べたい」「どこに行きたい」「誰かに会いたい」など、思いはそれぞれ違います。その思いを引き出し、可能な限り叶えていくのが私たちの役目です。

　しかし、それを実現していくためには、私たち介護職員だけの力では、どうにもならないことがたくさんあります。家族の意向を確認することや協力を得ることも必要です。また、看護師や医師・栄養士などの専門職との連携が必要となる場面もあります。このように、色々な人が関わり合って、最後を看取る

ことができるといえます。例えば、「最後にビールが飲みたい」という方がいたとしましょう。その意向を介護職員の一存で勝手に叶えることはできません。医療的な面での判断や支援は、医師や看護師でないといけませんが、実質的な支援をしていくのは、家族や介護職員となるでしょう。「看取り」のケアは時間との闘いです。

　利用者様の思いを叶えるために皆が一丸となってサポートしていかなければなりません。「どのような最期を迎えたいのか」を本人に確認するのは、とても勇気のいることです。しかし、支援者自身もこれを避けようとせず、しっかり向き合うことで、本当の「看取り」ができるのではないかと思います。また、これは、日々の時間を一緒に過ごし、コミュニケーションを取り合い、信頼関係を築いてきた介護職員だからできることではないかとも思います。

介護は人と関わる仕事

　ここまで、色々と話してきましたが、医療・福祉関係、そして、介護の仕事は、人との関わりによって成り立っています。対人間であるが故の悩みもありますが、「やりがい」が大きいのも確かです。実際に体験してみなければわからない魅力もたくさんある仕事だと思っています。新聞やテレビ等の情報はほんの一部の話であり、それだけが全てだと思って欲しくないと

心から思います。この仕事に興味・関心をお持ちの方がいるの
ならば、実際に現場で働いて欲しいと思います。人間なので、
もしかしたら合わないこともあるかもしれません。しかし、そ
れは介護に限らず、どの仕事にも言えることです。まずは自分
がやってみたいと思うことを行動に移してみることが何より大
切なのではないかと私は思います。

利用者様と向き合う大切さ

特別養護老人ホーム
サンライフ御立
ケアリーダー　河内　彩恵
（4年目　資格：社会福祉主事）
（平成1年生まれ）

利用者様と関わろうとする姿勢

　入職してから4年が経とうとしています。私は、福祉大学に行っていましたが、介護の勉強はあまりしていなかったので、仕事に就いてから覚えたことの方が多いと思います。

　まず、私たちの仕事は利用者様を知ることから始まります。私が所属している特養のフロアは、2ユニットで1フロア28人の利用者様がいます。もちろん、利用者様は一人ひとり生活歴も性格も違います。穏やかな人もいれば、そうでない人もいます。私が出会った利用者様のなかに、新しい職員に対して「あなたは初めてだから、○○さんと代わって。あの人は背が高いから抱えてほしくない」など、職員を選ばれる方がいました。気になってその方のフェイスシート（基本情報）を見ると、その方は施設に入られる前はとても熱心に仕事に取り

組まれていたキャリアウーマンだったということがわかりました。しかし、病気を患い身体が不自由になったことから要介護状態となり入所されました。そして、「自分のことは自分でしたい！」という気持ちがとても強い方でした。また、几帳面な性格のため物の位置にもこだわりのある方でした。一度、その方に聞いてみると、「いつもと同じところに物がないと不安で眠れない」とおっしゃいました。先輩職員には「最初は新しい職員に厳しい言葉を言われたり、拒否が見られることもあるけど、そのまま避けてしまうと関わりづらくなるから、積極的に関わった方がいいよ」とアドバイスをもらいました。最初のうちは、「新しく入った○○です。初めてなので教えてください」という姿勢で介助時もできるだけ積極的に関わるようにしました。また、空いた時間には、その方の昔のお話や家族様のお話を聞かせていただきコミュニケーションをとるようにしました。その方はお話をすることが好きなようで仕事をしていた時のお話や施設での生活など、様々なことを話してくれました。数日すると顔と名前を覚えていただき、少しずつ介助時の拒否が見られなくなっていきました。ある日の夜、就寝の介助をした際に、その方から「夜遅いから気をつけて帰りよ」「いつもありがとうね」と声を掛けていただいたことが嬉しかったです。面会の際に家族様から聞いたのですが、この方はもともと、とても周りに気を遣われていた方であったそうです。よく

職員に対して感謝の言葉や気を遣われていた様子が印象に残っています。また、職員のことをよくみていて、「大丈夫？」「無理せんときよ」など、声をかけてくださる日もありました。いつも新しい職員に対し、厳しい言葉を言われるのも怖いという気持ちと、ちゃんとしてくれるか心配だったからだということでした。この方は進行性の病気を患っておられました。少しずつ身体が不自由にはなってきましたが、最期まで自分でできることはするという意志を強く持たれていたのを今でもよく覚えています。

自然な形で死を迎えられるようにすること

　施設に入所されている方は施設が「生活の場(自分の家)」となりなす。自宅で生活されている方と同じように施設で最期を迎えられる方や病院で迎えられる方がいます。健康状態が悪くなり、施設で最期を迎える場合は、「看取り」というケアに変わります。「看取り」とは、その利用者様に対して特別なことをするという意味ではなく、今まで施設で過ごされていた利用者様が自然な形で死を迎えられるように看取らせていただくということです。そのために私たち職員は、利用者様の生活の質を高めるために、好きな音楽や食べ物、趣味など些細なことでも良いので知り、その方に対する新しいケアを考えます。その作業を通して改めて利用者様のことを知るきっかけにもなり

ます。また、家族様からお話を聞くことでわかることもあります。

施設が一丸となり看取りに取り組む

　私が関わった方で特に印象に残っているのは、足の血管に血栓ができ足先まで血液が循環できずにだんだん足が腐ってきてしまうという病気の女性の方です。医師からは、足を切断する方法と切断せずに温存療法という二つの選択肢があると言われました。どちらもリスクがあり家族様、看護師、介護職の話合いのもと「温存療法」を選択しました。その際、リーダーを中心に班の職員間で今後のケアについて意見交換を行いました。今まで「看取る」という場合は、嚥下が悪くなり食事が食べられなくなり、少しずつ活気がなくなってくるなどの老衰のケースが多く、今回の場合はこれからどうなっていくか不安だという意見も聞かれましたが、私たちの施設に来られたのも縁なので、たくさん話し合い「全体でみていこう」という意見にまとまりました。実際にケアを行っていく上で大変なこともありました。だんだん臭いも強くなるのでアロマや消臭剤を使ってみたり、当時は夏場だったため、毎日入浴が必要になったりしました。そのため途中からは、フロアだけでは対応することが難しくなり、特養全体でケアをしていくようになりました。その女性と関わり大変なこともありましたが、最期まで看取りに関

わらせていただくことができ良かったと思います。家族様も施設で最期を迎えられたことに対して感謝しておられました。また、亡くなられた後に振り返りを行うデスカンファレンスでは、「最初はこれからどうなっていくのか不安でしたが、一人の方としっかり関わることができて良かった」また、「特養全体で連携して看取りができたということが良かった」などの声が聞かれました。今まで「看取り」は班内でみるというケースが多かったので、施設全体で看取りを行うということがとても印象的でした。

私の仕事のやりがい

この仕事に就いて感じることは、一日一日同じ日はなく日々変化しているということです。実際に昨日まで元気だった方が次の日に急に亡くなることもあります。あまり話さなかった方が休み明けには活気が出てよくお話されるようになり、食事も自分で召し上がられるようになっていたということもあります。この仕事に就いて、驚かせられることや利用者様から学んだことが多くあります。

福祉の仕事はきつくて、大変だというイメージを強く持たれることもあります。確かに、休みも不定期であまりまとまった休みはとりにくいですし、臭いが気になると言われる方もいます。しかし、そういうマイナスな面ばかりではなく、良い面も

作　板東貴美子

たくさんあります。私がこの職場に就職して一番に思うのは、仕事のやりがいがあるということです。先ほども述べたように、何がきっかけで利用者様の様子が変わるか分かりません。大変な時も利用者様の笑顔や「ありがとう。」という言葉でやってきて良かった、これからも頑張ろうと思えます。同時に感じるのは、この仕事を続けてこられたのも人が好きだからという理由が一番だと思います。これからも、精一杯業務に取り組み、利用者様、家族様、職員一人ひとりの笑顔を作っていけるよう努力していきたいです。

日々の成長を実感できる仕事

特別養護老人ホーム
サンライフ土山
ユニットリーダー　八木さおり
（7年目　資格：介護福祉士）
（平成1年生まれ）

働き始めた頃の私

　働き始めてすぐの頃は、業務を覚えることにとにかく必死でした。そのため全く周りが見えておらず、自分が今何をすべきか考えることで頭の中はいっぱいでした。少し業務を覚えられてきたときは、徐々に仕事が楽しいと思えるようになってきたのですが、そのときの私は業務が覚えられタイムスケジュールに合わせて動けるようになったことに満足感を得ていたのだと思います。タイムスケジュールだけをこなす、という感じです。もちろん相談員、他職種である看護師や栄養士がどういった業務や動きをしているのか全く考えもしていなかったです。

壁にぶつかり大切なことに気づく

　4年目を迎えるとき、ユニット型老人ホームサンライフひろみねに異動し、ユニットリーダーを務めることになり、そこで初めての大きな壁にぶつかりました。入職してから3年間ショートステイに所属していたこともあり、利用者様に対しその日を事故なく楽しく穏やかに施設で過ごしてもらい、自宅に帰ってもらうことが大切だと思い込んでいました。それが特別養護老人ホームとなると利用者様にとっては終の棲家であり生活の場となる。その方たちに対し、自分はどんな生活支援をすることができるのか？　そんなことも考えずに、これまでと同じように毎日の業務を淡々とこなそうとし、自分の意見を貫き通そうとしていました。利用者様一人ひとりについて情報収集もせずに自分で見たこと、感じたことが全てだと信じ込んでいました。当時の私は完全なる個人プレーでした。先輩や上司からアドバイスを受けても、なかなか受け入れられず、周囲の職員とも打ち解けられず…あのときの私はチームの一員ではあるけれど空気の読めないプレーヤーでした。いま思い出すと笑ってしま

作　板東貴美子

います。

　そんなとげとげしい日々を過ごすうちに、ユニットリーダーとしての役割は一体何なのか？　そもそも自分はユニットリーダーに相応しいのか？　自分に足りないものは何なのか？　何でもかんでも周囲のせいにするのではなく自分自身を見つめ直すべきところがあるのではないか？　等、この仕事と自分自身について考え、葛藤するようになりました。淡々と業務をこなしてきた自分にとってこの時間はとても辛く、逃げ出したくなったことも何度もありました。

　そして、自分に足りないものは利用者様を知ろうとする気持ち、利用者様や一緒に働く職員に対しての思いやり…まだまだありますが、この仕事をするうえで必要不可欠なものが自分には備わっていないことに気づきました。

　それからの私は、他の職員から利用者様の生活歴、性格、嗜好品、家族についての情報を教えてもらい、利用者様本人との関わりの時間を大事にし、職員や利用者様の家族とも積極的にコミュニケーションを図るよう心がけました。

介護の仕事はチームで行う

　以前の私は、個人プレーで業務をこなしていたので、得られるものは自分自身の満足感だけでしたが、仕事態度を改めてからは、1人の利用者様に対して何人もの職員が意見交換する

ことによって生まれるものがあることに気づくことができました。特に、ターミナル期を迎えた利用者様に対してケアを行う場合は、ユニット職員、他職種が一丸となり、利用者様の意思を尊重し、私たちが最後までできることは何かを考えなければなりません。介護の仕事は同じ目標に向かってチームで動いており、チームで同じサービスを提供することが大事なのだと痛感しました。

私が思う介護の仕事

介護の仕事は、ただ単に毎日、食事介助、排泄介助、入浴介助などの身体介助を繰り返し行っているだけではありません。私たちは、介護福祉士、社会福祉士、介護支援専門員、看護師、栄養士など全員がひとつのチームとなり、ひとりの利用者様ができる限りその人らしく生活するにはどうすればよいかを常日頃から考えて業務に励んでいます。

「介護の仕事」と聞くと大体の人は「重労働」「3K（きつい、汚い、危険）」といったイメージが強かったり、テレビや新聞で、介護の現場での人員不足、虐待問題などについて取り上げられることが増えてきたので、良いイメージを持っている方は少ないのではないでしょうか。私はこの仕事に就き、利用者様、利用者様の家族、職員からたくさんのことを学び得ることができ、日々やりがいを感じながら働いています。私自身まだまだ

未熟ですが、入職当初よりも確実に成長していることを感じることができています。私は「介護の仕事」は人と人との支え合いやぬくもりを強く感じる仕事だと思っています。

利用者様との関わりから見えてくるもの

特別養護老人ホーム
サンライフ土山
ユニットリーダー　柴田　真弓
（10年目　資格：介護福祉士、介
　　　　護支援専門員）
（昭和59年生まれ）

　高齢介護と聞いたらどんなイメージをもちますか。笑顔に出会える職業だと思いませんか。
　入職後、私の出会った印象深い利用者様との関わりについて2名ご紹介します。

利用者様とできる喜びを共有する

　A様は、要介護5、食事時以外はベッドの上で過ごされ、排泄もオムツでした。度々オムツを外されることがありました。排泄後の不快感からそのような行動に結びついているのではないかと考えるようになり、トイレで排泄していただくようにしました。しかし、長期間トイレへ行っていなかったことや立位への不安があり「ここではできへん」と拒否されることがありました。その都度、ひとつずつ説明し手すりを持って立つこと

第3章 職員の介護実践・思い　59

やトイレに座ることが習慣化することができ、A様の笑顔が増えました。

「トイレで排泄をすること」は当たり前のことかもしれません。その当たり前と思っていることをしたくてもできないと思い込み、オムツでの排泄しか選択肢がないと決めつけ、利用者様の意欲や自尊心を低下さ

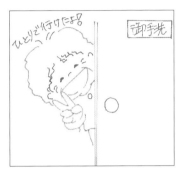

作　上野春香

せていることもあります。私たち職員にとれば簡単なことや2人で介助すれば大丈夫と思っていることも利用者様にすれば不安や恐怖、大きな覚悟を決めての実行だったかもしれません。それを介助者も理解し、同じ気持ちでケアを進めることで利用者様の意欲や笑顔が多くなると感じます。私たち介護職員の思いひとつで利用者様の生活環境や生活能力は格段に改善し、笑顔で人生を送ることができると感じます。そういった小さなことの積み重ねが職員のやりがいにも繋がっています。

介護職員は利用者様と家族様の架け橋になる

B様は、脳梗塞の後遺症で軽度の麻痺がありましたが、見守りで自力歩行が可能な方でした。他の利用者様への気遣いや職

員をいつも労ってくださる方で、時折、時間認識ができず昼夜逆転や歩行不安定で転倒されることも多くなりその後、肺炎を患い入院となりました。入院中は寝たきりで絶食、点滴だけとなり医師は施設での生活は困難との判断でしたが、数か月後に食事が食べられるようになり施設に戻って来られました。戻られた際は、車いすでの座位は難しく右足は伸び切った状態、左足は拘縮し曲がった状態でした。以前のように言葉を発せられることは少なかったですが、施設に戻られてすぐ「ただいま」と笑顔をみることができ、この施設を自宅と同じように感じていただけていることをうれしく思いました。またそのように感じていただき続けるケアを提供していかなければならいなと改めて感じました。

　入院中は車いすに座っておられず、車いすに移ることに不安を感じておられ職員の身体など、つかめるものがあればしがみつき「できません」と恐怖を訴えられ、2人介助でようやく車いすに座ることができる状況でした。

　入院中の食事はごく刻み食とお粥だったそうですが、B様も「お粥は嫌です」「ご飯が食べたいです」と希望されご飯と刻んでいない食事を提供するようになりました。食品によっては食べやすい大きさに切る必要があるものもありますが、目で食を楽しむことも大切にし、食への意欲が湧き活力にも繋がるように考えました。このように、利用者様の希望に寄り添い職員が

サポートすることで、より多くの利用者様に喜んでいただける
ケアができると思います。

　Ｂ様のご家族様が来園された際に現状を報告すると「手紙が
届き、玄関に飾ってるんです」「元気になっているからありが
たいです」と目に涙を浮かべながら話してくださいました。ご
家族様も一緒に生活をしたいけれど理由があり一緒に生活でき
ない方も多くおられます。日常の小さな変化や出来事をお伝え
することで、少しでも近くで生活しているように感じていただ
けるように橋渡しすることも介護職員の役目だと思います。

　介護は、体力がいる部分が多くあります。介護の技術を学び
より安全に安心していただけるケアをすることで介助者だけで
はなく、利用者様への負担も軽減します。

　高齢者介護では目上の方に対し接するため精神的にも負担が
あります。認知症状によりきつい言葉を受けることもあります
が、ほんの些細なことでも笑顔がみられたり「ありがとう」と
言っていただけることや発語が困難な方が単語でも言葉を発せ
られた時にやりがいを感じることができます。もちろん、悲し
い別れもあります。けれどもご家族様から「ここで生活できて
よかったです」などのお言葉をいただけた時や一瞬でも笑顔や
喜びの言葉を聞くことができれば業務の辛さを吹き飛ばすこと
ができ、次への原動力に変化すると思います。そんな「笑顔」
に出会える仕事をあなたもしてみませんか。

介護支援専門員として利用者様と向き合う

姫路市安室地域包括支援センター
看護師　大部　美江
（9年目　資格：看護師、
　　　介護支援専門員）
（昭和36年生まれ）

介護支援専門員とは

　利用者様の介護全般に関する相談援助や関係機関との連携調整を行い、利用者様や家族の希望に寄り添い、サービスの必要性やどのようなサービスが必要かを査定（アセスメント）し、個別支援計画書を作成（プランニング）し、利用開始後も提供されている介護サービスが適切か否かを定期的に評価して、要介護者と介護者の状況に合わせて、見直しアセスメント・プランニングを行っていく者です。

支援の先の生活を見据えたケアプラン作り

　現在、私は、要支援と要介護合わせて40名前後の利用者様を担当しています。介護度は要支援1から要介護5までの方で、心身の状態や取り巻く環境も様々です。誰1人同じケアプラン

は存在しません。ケアプランはもちろん必ず作成しなければならないものですが、その前に、利用者様本人の状態や家族様も含めた状況の把握がとても大切です。

　在宅を希望される方のほとんどは、「1日でも長く住み慣れた自宅で過ごしたい」という望みをもっておられます。私は、いつも、この望みに寄り添っていけるようなケアプランを利用者様・家族様・サービス機関と相談しながら作成しています。そのためには、アセスメントが重要になってきます。元気な人は、したい事が自分でできますが、何らかの支援が必要な方はそうはいきません。こんな生活がしたい・こんな事ができるようになりたいなどの漠然とした言葉から、この方にはどんな支援があるとその希望が叶えられ、その先にある、住み慣れた家でずっと過ごしていけるのだろうと考えます。元気なときは、家族や友人職場や地域の人など、知らず知らずのうちに関わり、支えられていたこと・社会の一員であることを特に認識することなく過ごしてきましたが、1つでも支障が生じると今までの生活がうまくできなくなってしまいます。

　介護支援専門員（以下「ケアマネジャー」という）は、初回訪問時、利用者様の情報収集を行います。現在の状況や状態はもとより、今までどのような生活をしてこられたかをダイレクトにではなく、いろいろな話の中で聞き取りをしていきます。状況は人それぞれ違いますが、お元気な頃を思い出し、こ

作　板東貴美子

うだった・こうありたい、と思われる方は意外と多いものです。その頃と同じような活動はできないけれども、少しでも近づけるような支援を考えながらお話を聞いていきます。

　介護度の軽い方においては、足がしっかりしたい・家事を助けてほしいというご希望は大半の方が思われることです。この意見だけでは、リハビリをしましょう・ヘルパーさんに来てもらいましょうで終わってしまいますが、大事な事はこれらの先にあることです。住み慣れた家で過ごしながら、足がしっかりしてきたら、買い物に１人で行って、自分で選んで買い物をしたい、好きだった旅行にいきたい、以前行っていたスイミングに行きたいなど、少し前までできていたこと・趣味としていたことを再開できるよう支援していくことだと思います。介護度の重い方においては、少しでも動きやすい身体になりたい・外出したい・安心して入浴したいなど様々なご意向があります。あわせて在宅で介護されているその家族様のご意向も加わってきます。介護負担を軽減したり、休息の日を設けたりと家族様との関わりも大切になってきます。

介護者にも休息日が必要

　高齢化社会において、虐待も大きな問題になっています。介護の心身の負担はそれぞれの環境や状況で大きく違い他人にははかり知れないものです。その中で、介護者の負担を理解し軽減できるよう一緒に考えていく事がケアマネジャーの力でもあると思います。それには、利用者様や家族様との信頼関係が最も大切です。ケアマネになるまでは、「人の人生に関係した大変な役割で自分にはできないこと」と思っていましたが、ケアマネジャーの仕事に就いている今、「人の人生に関係する役割」と常に思いながら、支援させていただいています。利用者様の人生と家族様の人生をケアマネジャー1人が背負うということではありません。各サービス機関や地域包括支援センターなど連携は多いほど力になってくれます。誰も自分の家族を虐待したいと思う人はいないのです。心身の負担や経済面など様々な要素で起きてくるのです。愚痴を言ってくれる家族様はまだよいです。何でもきちんと完璧にと思っておられる方の方が、危険なのです。よく私は家族様に、ちょっと手を抜くことも必要と話しをします。仲良しな家族でも24時間365日いつも一緒だと誰だってしんどくなります。自分の時間をもっていただき時にはリフレッシュすることを勧めます。

　最近、担当者の家族様が、自分が手術しなければならない状態にあるのに、奥様の認知症が進むから、家を空けたくない

といわれ、痛み止めでやや状態がよくなってきましたが、無理をされた事もあり、奥様をきつく怒る事が出てきました。私は、介護者が1日でも奥様の介護をしなくてよい日を是非もちましょうと、いつも訪問時に提案していました。そして、何か月間か経過した後、やっとショートステイを利用してみようと思っていただけるようになりました。

介護者を孤独にしない

　介護者は常に「自分が倒れたらどうしよう」や「なるようになるだろう」と思いながら、毎日四六時中介護をしているのです。特に認知症介護は先が見えません。ケアマネジャーは長期間の介護を見据えて、サービスを検討していきます。利用者様の状態はもとより、介護度の重い家族様へは、十分な注意力や配慮・言動が大切です。利用者様の意向と家族様の負担軽減を並行してサービスを選定し、内容を検討していきます。サービスが多ければ多いほど支えてくれる人がたくさんいることを心から感じてもらえるような関係作りを、担当者会議を通して築いていきます。

　また、忘れてはいけないのが、自分への報酬はどこからくるのかということを、しっかり思いながら、支援させていただくことです。利用者様がいるからお給料がもらえるのです。世話してやっているという思いでは良い支援はできません。

常に利用者側にたって

　最後になりますが、介護はいずれ自分も受けていく事だといつも思っています。よき相談相手であったり、意向を傾聴し、過ぎる介護ではなく、現在の力を最大限に発揮できるような支援を計画してくれる、将来そんなケアマネジャーに出会いたいと思います。今は自分自身が利用者様、家族様にそのように思ってもらえるように毎日努力していきたいです。

施設で働く看護師の利用者様との関わり

ユニット型老人ホーム
サンライフひろみね
看護師　早川さつき
(8年目　保有資格：看護師)
(昭和36年生まれ)

病院と施設で働く看護師の違い

　私は、看護師免許を取ってから小児科での経験が長く、老人看護については実習で学んだ程度で、高齢者の施設の経験はありませんでした。しかし、小児も老人も、症状などを訴えることが、上手くできない所は共通しており、その部分をうまく支援したいと思い入職して、8年目に入ります。今考えると、あっと言う間の時間で充実していたと思います。

　「老人とは」と教科書には色々書いてありますが、教科書から得る知識より施設に勤務して学んだ事の方が多いです。

　施設に入所されている利用者様は、要介護4もしくは要介護5と、日常生活のほとんどに介護が必要な方です。また、沢山の持病もあり健康を維持しながら生活することがどんなに大変なことかと、考えさせられます。

第3章　職員の介護実践・思い　*69*

　健康管理は、良くなったり、悪くなったり、なかなか状態が掴めないことの方が多く大変です。上手く利用者と人間関係を築き、生活に関わることで「あれ、どうしたのかな？」と小さな変化や異変に気づくことがあります。また、認知症の利用者様の支援も、認知症という病名ではなく、今までどのような暮らしをされ、どう生きてこられたかなど、その利用者様の人生を考えてゆっくり時間をかけ看護ができるところが、治療を行う病院と生活の場の施設の看護師の違うところだと思います。

　急に、「仰げば尊し、わが師の恩」と歌いだす利用者様を見て、知らない方だと「どうしたの？」と驚き戸惑うかもしれません。職員として関わりが深くなると、いつも同じ所を歌っていても気分によって、声のトーンが高かったり、低かったり、日々の違いがわかるようになります。学生時代に戻られている

作　増田恭子

のかな？ 何を思われているだろうと考えながら、支援していくことが、私が楽しいと感じるところです。

　また、会話の中で、「かわいいなー」「きれいなー」と相手を褒めたり、排泄介助の時や更衣の時に急に「ありがとう」と言われることがあります。その時私は、いつも素晴らしいと思います。こんなに素直に言える「ありがとう」に心が温かくなります。改めて人と人が関わる中で、感謝することの大切さを、利用者様から学びました。

施設で看取りを行うこと

　何人もの利用者様を看取りましたが、私自身はこれで良かったと思っていても、利用者様や家族様に寄り添え、同じように思っていただけたのか常に振り返りを行っています。終末期になると、段々と食事が食べられなくなり、体重が減り、言葉に力が無くなり、目を開けることもしんどい状態になります。病院は治療を行う所なので、このような状態になると点滴や処置を行います。施設に勤務するようになって、これが、本当に利用者様が望んでいることなのだろうか？ と考えるようになりました。

　日頃からどのような最期を迎えたいのかなど、利用者様や家族様の意向を理解し、対応することが大切であると思っています。家族のかたちや死生観、宗教観などを理解し、尊重するこ

とが施設における看取りに求められていると思います。また、家族様と利用者様のお話をしながら、家族様が利用者様との別れの準備をされるのを見守り、支えることも私たちの仕事だと思います。

　利用者様との関わりを通し学ぶことは多く、考えながら行動していくことの大切さや病院勤務時に考える事のなかった生死観にめぐり合うことができると思います。最後になりましたが自分自身を見直す良い機会だと考えながらもう少し頑張ろうと思っています。

どんな時も利用者様と笑顔で接する

デイサービスセンター
サンライフ御立
介護職　山岡　宏美
（7年目　資格：介護福祉士）
（昭和53年生まれ）

ボランティアがきっかけで介護の世界へ

　私は高校を卒業してすぐに何の知識もなく介護の仕事につきました。介護の仕事に興味を持ったのは、高校生の時に家の近くの特別養護老人ホームにボランティアに行き、利用者様とお話したことがきっかけでした。その方は話上手で、とても楽しくお話することができました。人と話をすることの魅力、そして「介護の仕事って簡単やん」と思い私でもできると介護の仕事を選びました。今思えば、未熟だったと思いますが、やっぱり何気ない楽しさが一番自分の心の中に響いていたのを覚えています。

　だから、私は初めの何気ないきっかけを大切にして欲しいと思います。好きなことに対して、勉強することは苦ではないし、自身の知識、技術をスキルアップすることが好きな仕事にも繋がってくると思うからです。

仕事は楽しいことばかりではない

　楽しいを感じて入職し、壁にぶつかりました。人生山あり谷あり仕事も楽しいことだけではありません。壁にぶつかって、苦しむからこそ、壁を越えた時の感動や喜びは人知れず大きいと思います。

　実際の介護現場は食事介助・排泄介助・入浴介助といった身体介護に加えて認知症の方の精神的介護は、私がはじめに思っていた「簡単」という印象とはかけ離れていました。

　認知症により昼夜関係なく徘徊をされ、落ち着いたと思えばまた徘徊が始まったり、おむつ交換、トイレ介助、食事介助、どれもスムーズにいく日はなく、本当に大変と投げ出したくなるときや精神的につらいと感じることもありました。はじめは、先輩職員さんはできてなんで私にはできないのだろうと悩むことばかりでした。悩んでばかりいても何も始まらないし、失敗をして成功を学ぼうと思いました。利用者様、10人いれば10人違うし、同じ介護はありません。まず、利用者様の好きなことを見つけ、笑顔になったときをチェックすることを始めました。完璧ではありませんが、少しずつ利用者様との信頼関係ができ、心を許していただけるようになりました。気がつけば、悩めば、悩むほど、利用者様と関る時間が増えていました。今までの自分は、関わることから逃げていたと気づかされました。家族でもない私が信頼を得るのには、関る時間がとて

も重要であると思いました。でも、その毎日の関わりで少しずつ利用者様の変化に気づくことができることができるようになり、大変さやつらさが和らいでいきました。

いろんな利用者様との出会い

ある利用者様は入所当初はニコニコと笑うだけで言葉も発せず、食事や移動なども全て介助が必要な方がいらっしゃいました。職員が毎日言葉かけを続けていくと笑うだけじゃなく色々な表情が出てくるようになり、一言二言単語が言えるようになりなした。今では職員の言葉かけに返答されるようになり、食事も自分で食べられるようになり、歩行器を使用し歩行ができるまでになってきています。介護者の接し方・言葉かけ1つで

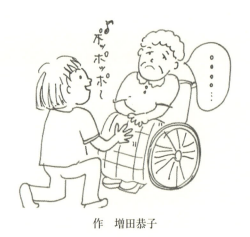

作　増田恭子

利用者様との関わりに信頼関係が生まれ、それが利用者様の心身機能の向上につながる場合があります。できることが増えることは、利用者様、家族様だけでなく、職員の励みにもなります。

利用者様の看取り介護に関わらせていただきました。終末期になれば、今まで以上に利用者様や家族様の思いに寄り添って支援をしていきました。ただ、単に介護をするのではなく、声かけやコニュニケーションを欠かさず行っていました。最期の時は、大きな反応はなかったですが、手をにぎり、「今までありがとうございました」という言葉に対して利用者様の瞳から涙がこぼれ、最後の力を振り絞って、握り返してくださったことは忘れられません。

看取りを体験して一番に感じたことは、人の耳は死ぬ間際まで聞こえているということです。最期の時まで、利用者様と真剣に向き合えば、心と心はしっかり繋がっていることを認識することができました。利用者様の人生の最期に家族様と一緒に関ることができるというのは介護の特徴だと思います。毎日関ることで生きることを支えることだと実感しました。

日々大切にしていること

私が一番大切にしていることは『笑顔』です。仕事をしていると日々いろんなことがありますが、どんな時でも笑顔で利用者様と接するように努めています。自分から笑顔で挨拶・言葉

かけを行うと必ず相手も笑顔で返してくれます。もちろん、利用者様だけでなく職員同士の挨拶・上司・家族・仕事で関る全ての人にも常に笑顔を心がけています。

　自分は介護のプロであるという意識を持って日々仕事を行っています。介護福祉士でなくても利用者様・家族様から見れば職員は誰もが介護のプロだと思います。安心と信頼が得られるよう常に意識し仕事を行っています。

　きっかけがあって、就職したら、自分磨きをして欲しいと思います。働くのであれば、プロを目指して欲しいです。介護福祉士になろうというプロの意識を持つことが一番大事だと思います。学校のように一から教科書を見たり講義を聞いたりとかはないので自分で学ぼうという努力は必要です。そのためには、資格取得や外部・内部研修に参加することがスキルアップに繋がります。そして、私たちが良い介護の実践を発信することにより、介護のイメージを変えていきたいと思います。そして、やりがいが見つけられることも。今後、介護を受ける利用者様（高齢者）は増え続けます。そして、人材不足も言われています。その中で、一緒に同じ思いをもった職員と働くことは最高だと思います。多くの同じ志をもった優秀な職員と働くことを願います。

介護の仕事のおもしろさ

特別養護老人ホーム
サンライフ土山
ユニットリーダー　片岡　愛
（7年目　資格：介護福祉士）
（昭和61年生まれ）

笑顔になる瞬間

　介護の仕事は大変だと思っている方も多いかもしれません。勤務時間が不規則であり、夜勤業務もあります。女性の多い職場ですが力仕事も多いです。また、人の命にかかわる事態に遭遇することもある責任が重い仕事です。けれど、介護の仕事はそれだけではありません。ある程度仕事を続けてみないとわからない楽しさややりがいがあります。大変なことも多いですが、介護の仕事は人の役に立っていると肌で感じることのできる仕事です。利用者様からの「ありがとう」の言葉を聞くと本当にこの仕事をしていてよかったと思います。自分が他人の役に立っていると実感できるのは、人として最高の喜びです。さらに、利用者様との会話も仕事を続けていこうと思える要因です。利用者様が「どうしても入れ歯を返して欲しい」と言われ

たため、なぜ返して欲しいか尋ねると「私の入れ歯、金でできとるから」という言葉が返ってきました。私はそのような言葉が返ってくるとは思わなかったため、思わず笑ってしまったことがあります。介護の仕事は利用者様との関わりのなかで、こちらが思わず笑顔になる瞬間があり介護の仕事のおもしろさの1つだと感じています。

作　上野春香

　これは介護の業界に限りませんが、新入職員が入っても1年も経たない間に辞めてしまうことがあります。もちろん最初は誰しも仕事を覚えることだけで精一杯で、右も左もわからず、戸惑うばかりであり、仕事が嫌になり毎日辞めることばかり考える日々が続く事もあります。しかし、もう少し続ければ、介護のおもしろさや楽しさに気づき、やりがいにつながっていくのではないかと思います。

将来の介護は介護機器とロボットを活用する

　サンライフ土山では、利用者様、家族様の同意を得て、2階から4階の転倒事故の危険性の高い方の居室に介護カメラを設置しています。夜間はその介護カメラの映像がパソコンや専用

のスマートフォンからも見られるようになっていたり、利用者様が動くとスマートフォンに通知が入るようになっています。このシステムにより転倒の事故防止に繋がったこともあり画期的なシステムと感じており、このようなシステムが今後ますます増えていくと考えられます。

　以前私は、新聞で厚生労働省が介護ロボットの導入を検討しているという記事を見たことがあります。私はASIMO君のようなロボットを想像していましたが、職員が装着するモビルスーツのようなものであり、こんなものを真剣に考えているのかと思い、笑った記憶があります。しかし、今や移乗時に職員が装着するスーツ型の介護機器は徐々に浸透してきているように思います。まだ私が働いている施設には導入されていませんが、今後そのような介護機器を導入する可能性は十分に考えられます。もしそれが改良され、安全で安心して利用でき、費用が安くどの施設でも使用できるようになれば、職員も利用者様も身体の負担軽減に繋がると思います。職員が高齢になっても働き続けることができるかもしれません。そう遠くない将来、介護ロボットが介護現場で活躍することが期待されています。介護は人だけでなく介護機器やロボットを上手く取り入れて行う時代がそこまで来ています。想像しただけでワクワクします。

地域包括支援センターと地域のつながり

姫路市安室地域包括支援センター
看護師　岩崎　康子
（8 年目資格：看護師、
　介護支援専門員）
（昭和 31 年生まれ）

　地域包括支援センターに移動して、6 年が過ぎました。様々な相談があるため、各地域包括支援センターには「主任介護支援専門員」「保健師など（在宅経験看護師も可）」「社会福祉士」のそれぞれの専門分野の三職種が配置されています。私は看護師として、高齢者の自立した生活を支援するために主に「介護予防事業」を担当しています。

　移動した頃は地域の高齢者や役員の方と大きな壁があり、啓発しても断られたり、介護予防教室を開催しても、その時だけで介護予防につながることはありませんでした。前任者が民生委員や一部の地域役員とのつながりを残してくれていたので、民生委員が行う「ふれあいサロン」「高齢者の集い」、自治会が行う「敬老会」「サロン」などへの参加の中で、介護予防啓発をしたり、健康・介護相談を受けたりしました。少しずつ顔を

覚えていただけるようになりましたが、まだまだ地域には入ることができていませんでした。

小さな転機が地域のつながりへ

平成24年度に姫路市から「いきいき百歳体操」という介護予防につながる体操を普及啓発するようにと要請がありました。担当保健所保健師と協働で地域診断をし、効果が上がると思われる自治会に説明に行きました。「いいことだから相談する」という返事をいただきましたが、立ち切れになってしまいました。他の自治会にもアプローチをしたのですが、進みませんでした。実施できない原因は体操はしたいと思っていても、会場を借りたり、テレビなどの備品の準備をしたり、お世話役をするのが負担になったりしているのではないかと考えました。地域包括支援センター会議でそのことを伝えると、地域に法人施設を開放すると、体操に取り組めるのではないか。そして、グループが立ち上がったら「地域包括支援センターだより」でPRしてみたら、増えていくのではないかという意見がでました。先

作　増田恭子

ずは実行と思い、総括施設長に相談をしました。定休日が水曜日の「デイサービス サンライフ田寺」を利用する許可がでました。姫路市より介護保険申請で非該当になった方の状態確認をする業務が回ってきたので、いつものように自宅訪問して状態確認した後、「いきいき百歳体操」の説明をしました。断れることが多く、伝え方に問題があるのかと思っていると、1人の方が、「何の話をしているの？ 私がしてもいいの？ 人数は4名だったら集まるけど…」と言ってくださいました。平成25年6月5日「デイサービスサンライフ田寺」で第1号のグループが立ち上がりました。よき上司・同僚に恵まれてよかった！ と思った瞬間でした。その後は口コミで広がり、現在は、11グループが活動しています。

周囲からの温かい支援

　いきいき百歳体操での繋がりもあり、地域役員から介護予防教室の要請も増えてきました。最近は認知症予防の話に力を入れています。また、民生委員の方が安室公民館館長（元職は看護師）に就任され、「安室公民館の保健室」という講座を開催されるということで、月1回一緒に講座を担当させていただいています。

　認知症予防の1つのツールとして唱歌や童謡を取り入れることがあります。私たち地域包括支援センターの職員はエレク

トーンが弾けません。そこで、ささゆり会基本理念である「サンライフ御立の機能を最大限に発揮して、地域の福祉向上に貢献します」という理念を頼りに、総括施設長の許可の下、他部署のデイサービス サンライフ御立よりエレクトーン奏者を派遣していただき、充実したサービス提供ができています。

　地域の高齢者や地域の役員の間をつないでいただいたり、法人の様々な資源を活用できるように配慮いただいたり、振り返ってみるといつも周りの方々に助けられていることに気がつきました。

今後の地域支援

　現在、厚生労働省より、2025 年（平成 37 年）を目途に地域包括ケアシステムの構築の実現を求められています。地域住民の力を借りて高齢者になっても地域で暮らし続けられる仕組みを地域包括支援センターが中心となり構築を目指していきます。私はお互い助け合って暮らすことができれば素敵だと思います。元気な高齢者が虚弱な高齢者を手助けすることは、介護予防の観点からも推奨できることだと考えます。しかし、認知症や要介護の方は介護度が上がるに伴い、24 時間見守りや支援が必要となるので全ての高齢者が地域で暮らすことを目指すことは現状では難しいと思います。

　地域包括ケアシステム構築のためには地域住民の力が欠かせ

ませんが、元気な高齢者に負担をかけ過ぎて虚弱な高齢者にならないように働きかけていきたいと思っています。そのためには市の地域包括支援課も巻き込みながら行っていきたいと考えています。

　「困知勉行」ささゆり会 姫路市安室地域包括支援センターの職員として、地域福祉への貢献を果たしていきたいと思っています。

第 4 章

働きやすくモチベーションを
高める職場環境

　ここでは、職員が介護の質の向上のために資格の取得や研修にどのような姿勢で取り組んでいるのか、法人や職員が働きやすい職場環境をどのように整えているのかをまとめました。

　働きやすくモチベーションを高め、サービスの質を向上させる環境について考えてみましょう。

働き続けたい職場

特別養護老人ホーム
サンライフ御立
事務員　岡垣　弥生
（19 年目　資格：社会福祉会計簿
記初級・中級）
（昭和 51 年生まれ）

辞めずに続けていて良かった

　特別養護老人ホームサンライフ御立のオープンスタッフとして入職し、まもなく勤続 20 年になります。20 歳で入職したので、人生の半分はサンライフ御立と過ごしていると言っても過言ではありません。このように長年続けて来られたのは、総括施設長をはじめ同僚や仲間、家族の支えや協力があったからこそだと思っています。この 20 年、本当にいろんなことがありました。しかし、本心から言えるのは、「辞めずに続けていて良かった」ということです。

働きやすい職場であること

　長く勤務できているのは、社会福祉法人ささゆり会がとても働きやすい職場だからです。特に女性が長く働くことができる

環境が備わっており、産休・育休制度もあるので、結婚や出産をし、育児や家庭と仕事の両立は難しいと言われる中、週30時間勤務まで時短勤務が可能です。私も、結婚し妊娠と出産を経験して1年間の育児休暇をいただき、職場復帰してから時短制度で1日7時間勤務を利用した1人ですが、時短勤務で普通の正職員より1時間早く帰れるのに、正職員の身分のままでいられたのはとても助かりました。また、保育料を施設（事業所）が半額負担してくれる制度もあるのが魅力的です。

残業も殆どありません。職場によっては上司が残業しているから、帰りづらいという職場があると思いますが、私が所属するサンライフ御立では、総括施設長が仕事は時間内に終わらせて早く帰るようにという方

作　板東貴美子

針ですので、毎日施設長が声をかけ定時になったら「早く帰るように」促されます。私たち事務員はとても帰りやすい環境です。

あるパソコンサイトで、女性の職場環境調査の調査結果を見たところ、現在の職場が働きやすいと答えた人の理由が「職場の雰囲気が良い」「労働時間が適正・融通が利く」が過半数を

超えており、今後女性が働きやすい職場にするために必要なことは「職場復帰支援」「育児休暇制度」「短時間勤務制度」など制度面の充実という意見が多く集まったそうです。その点では社会福祉法人ささゆり会は全ての制度が備わっているので、この調査結果を見ても、働きやすい職場だということがよく分かります。

福利厚生の一番の目玉

　何より福利厚生が充実していると思う一番の理由が、研修旅行があるということです。私が入職して、2年目にハワイへの研修旅行がありました。研修といっても私にとっては初めての海外旅行で、施設で費用を半額負担してもらえ、互助会からも少し補助金が出たので、とても助かりました。

　その後も2年おきぐらで、海外研修旅行を実施しており、今まで、ドイツ・フランス・スイスやカナダ、イタリア、ハワイには2回行きました。海外研修と言っても、参加は強制ではなく希望者のみです。他国の福祉施設を訪問したり、自由時間を楽しんだりと、個人では行くことができない体験をすることができました。

　現在は、家庭や子どもがいる人が増えたため、希望者が一定人数以上集まらなかったことから、毎回2年ごとに海外研修へは行けていませんが、旅行期間が長くなるのが無理であれ

ば、国内の東京ディズニーランド・ディズニーシーに1泊2日で接遇の勉強のため、研修旅行に行ったりもしています。子どもや家族は自費負担になりますが、一緒に連れて行くことも可能です。私も子どもと一緒に行き、東京ディズニーラ

ンドやディズニーシーの接客の様子などを勉強しながらも、十分満喫してきました。

　研修旅行の時に互助会より補助金が出たと記載しましたが、ささゆり会の職員互助会は、常勤職員は全員、非常勤職員は希望者のみ加入で、月額個人負担は700円で、施設も700円負担してもらっています。互助会では年3回のレストランやホテルでの食事会があります。この食事会で他部署の人との交流ができます。その他、結婚祝い金・出産祝い金・勤続年数による祝い金も支給されるので、長く勤めるほど、得するように思えます。

　また、最近では退職金制度がない会社も増えてきているようですが、社会福祉法人ささゆり会は、法人独自の退職金制度（社会福祉法人ささゆり会退職金と社会福祉法人ささゆり会特

別慰労金）があり、私たち職員の掛金はなく法人で積立してくれているので安心しています。

健康面のサポート

休暇も、年次有給休暇が勤続 6 か月後から勤務日数に応じて付与され、それ以降は 1 年毎に付き、最大付与日数が 20 日付きます。また、入社 1 年後よりリフレッシュ休暇の制度ができ、有休などを使うことにはなりますが、5 日間リフレッシュ休暇が取れるようになりました。この制度によって、休暇が取りやすくなりました。

他に、健康診断費用の助成もあり、年 1 回施設負担で指定の病院にて健康診断を受診しています。夜勤を行う職員は、年 2 回の腰痛診断もありますし、全職員インフルエンザの予防接種も毎年実施しています。また、勤続年数や 1 週間の勤続時間にもよりますが、50 歳以上 70 歳未満の偶数年の職員が人間ドックを受けた時に最高で 50,000 円補助してもらえる制度もあります。このように、健康面に関してもここまで配慮してくれる事業所は、少ないと思います。

目指せ、定年退職!!

社会福祉法人ささゆり会に勤務してもうすぐ勤続 20 年。短大を卒業して就職し、施設もオープンしたばかりで、何も分か

らず戸惑いばかりだった私ですが、何とか周りの人に助けてもらいながら協力し合い、頑張って今まで続けて来られました。途中、措置から介護保険に変わり、制度の変化と共に沢山学ぶこともありましたが、社会福祉法人ささゆり会に就職できて良かったと心から思っています。まだまだ、学ぶことは多々あると思いますので、日々勉強を重ね自身のスキルアップに繋げていきたいと考えています。定年退職まで後20年以上ありますが、これからも働き続けたいと思っています。よく言われている生涯現役とまでにはいかないと思いますが、私にとっては目指せ、定年退職です。

管理栄養士から看護師を目指す!!

特別養護老人ホーム

サンライフ御立

介護職　勝目　修司

（2年目　資格：管理栄養士）

（平成1年生まれ）

資格を取ることは視野が広がること

　私は今、介護現場で働きながら看護学校に通っています。

　皆さんは、資格を取得することについてどのようにお考えでしょうか。資格手当が付き給料が上がる。仕事内容が変わる。当然これらも魅力的に映りますよね。しかし、ただそれだけでしょうか。

　私は、資格が増えることで自分自身に一番還元できることは、知識や視野が広がることだと考えています。物事を多角的な視野で把握できるようになり、今まで対象者から1つの情報しか得られなかったものが、2つとなり3つとなることがより良いサービスに繋がり、自分の可能性を広げることになります。資格とは自分自身を成長させることができる手段の1つではないでしょうか。

看護師を目指すきっかけ

　私は管理栄養士の資格をもっていましたが、大学卒業後、さ
さゆり会に入職するまでは、主に接客業に励んでいました。そ
の中で、人を相手とする仕事の難しさや楽しさ、また常連のお
客様に対してより良いサービスを提供することのやりがいを感
じることができました。この経験から、管理栄養士の専門性を
活かして、高齢者の方に対してより良い食事やサービスを提供
するために働きたいと思い、特別養護老人ホームサンライフ御
立に履歴書を送りました。

　当初は管理栄養士として応募したのですが、施設長に看護師
の資格取得を薦められました。話を聞いて、初めはもちろん悩
みました。受験するにあたって学力は大丈夫であるのか。働き
ながら勉強できるのか。この年でまた学生としてやっていける
のか。果たして、自分は看護師に向いているのか。私は、なか
なか答えを出すことができませんでした。

　また一方で、栄養面、介護面そして看護面すべてにおいて専
門知識をもちサービス提供できるようになれば、医療福祉業界
において大きな強みになるのではないかという自分自身への期
待もありました。当施設では資格取得のサポートが充実してお
り、受験に向けての勉強方法も確立され、問題集作成なども施
設長自らが先導して行っています。結論を出すまでに悩みまし
たが、私は働きながら看護学校を目指すことを決めました。

新たな気づき

　入職後は、現場を経験してみたいという思いから、厨房ではなく介護現場で働くことになりました。私が任された初めての介護業務は、左半身に麻痺がある利用者様の食事介助でした。その方は麻痺や認知症により意思疎通ができませんでした。口元へ運ばれてくる食事を右手で拒み口も開けてもらえず、なかなか食事介助をさせてもらえませんでした。四苦八苦している私とは対称的に、周りの他の職員はスムーズに食事介助を行っていました。意思疎通ができない利用者様でも、その方が口を開けるテンポに合わせて器用にスプーンをすべり込ませ、あっという間に食事を終えていきました。結局私は、1時間かけてもその方に半分の量も食べていただくことができませんでした。私の後に介助に入った職員がテンポよく介助しているのを見て、ただただ無力な自分に対して悔しさが残りました。

　栄養の知識があったとしても、その栄養の源である食事を利用者様の口に運ぶことができませんでした。「慣れてないから仕方ない」そう言葉をかけてもらいましたが、自分の中で簡単にできると思っていたことができなかったことに対してふがいなさを覚えました。たとえ知識や資格があっても、それと合わせて実践できる技術がないと意味がないと感じました。以降私は、癖や嗜好などを知るために、積極的に利用者様と関わるように努めました。そして栄養士としての知識を活かすために

も、まずは介護技術を身につけられるよう励みました。

生活・医療・食事をトータルサポートできる存在を目指して

　私は今まで介護経験もなければ、認知症という症状も深く理解ができていませんでした。ただ、介護の現場で働いてみてわかったことがあります。特別養護老人ホームとは、特別という言葉が入っていますが、何も特別なことをするのではありません。食事、入浴、排泄、睡眠など、利用者様は私たちと同じように生活をしているだけです。麻痺のために思うように動けなくなった方や認知症を発症したために介護を必要とする方に対して、普段の生活ができるようにサービスを行っているだけなのです。

　そして、そのために必要なのは観察だと気付きました。これは、接客においても気をつけていたことでしたが、特に認知症の方に対しては、こちらからのアクションが非常に大切となります。意思表示ができる方に比べ、情報量が少ないからです。だからこそ、観察を行います。この方は、外を眺めるのが好きなのかもしれない。いつも息子を心配しているのは、話を聞いてほしいからかもしれない。すべての行動には理由があります。その方がなぜこのような行動をとるのか、そのニーズや原因を考え、ひも解いていくと、実に様々な発見があります。段々車椅子を自操できる距離が増えたり、はっきり発語ができ

なかった方がしゃべれるようになったり、高齢者でもできることは増えていきます。これらを見守ることができるのも、介護のやりがいの一つだと思います。

しかし、残念ながら体調を崩される方や急変を起こす方にも立ち会うこともあります。そういった時は、介護福祉士ができる範囲には限界があります。医療行為が入ってくる場合、多くは看護師が対応します。また、褥瘡のある方や体重減少が激しい方に対して栄養補助食品を付けたり、その人に合った栄養ケアを作成するのは栄養士の範囲となります。その境界をまたぐためには、やる気や知識だけではなく資格が必要です。

介護では「生活」の面でのサービスを主とします。看護については「医療」の面が活躍の場となります。そして、双方にとって切っても切り離せないものは「食事」です。これらは、利用者様を中心に密に関わり合っています。これら3つのすべ

ての面から利用者様を捉え、サポートしサービスを行うことは
とてもやりがいのあることだと感じられるようになりました。
入職前は半分絵空事のように感じていましたが、今となっては
そんな専門職になってみたい、できるようになりたいと強く思
えるようになりました。

看護学校と仕事の両立に奮闘

　働きながら勉学に励むことで様々なメリットもあります。専
門学校にて医療・看護の知識や手技を学び、それをすぐに職場
で確認や実践することができます。講義は座学中心であり、な
かなかイメージができない事もありますが、これらも利用者様
と関わることで反芻して理解に繋げることができます。日頃か
ら現場の看護師の業務も目にすることができ、わからないこと
もすぐに聞くことができます。看護師として現場に出たとき、
学生時と現場でのギャップを少しでも埋められるように、入職
当初時に感じた自身のふがいなさを軽減できるように、今後も
学校で知識を深めると同時に、職場にて実践力を養えるよう励
んでいきたいと考えています。

　さらに、職場では私と同じように看護師を目指しながら働
いている方も複数おり、情報交換や互いに励まし合ったりでき
ています。仕事と学生を両立するにあたり、体力面など辛い事
も当然あります。受験勉強においても、仕事の合間の限られた

時間や休日を活用しなければいけませんでした。受験という壁が時にストレスとなり、自信を失ったこともありました。しかし、志が同じ仲間がいることで乗り切ることができました。そして、これからも互いに励まし合い、切磋琢磨し実習や国家試験に臨んでいけたらと思っています。

　私は今まではどちらかと言えば保守的で、頭ではわかっていても行動に移せずにいました。今、私は自分の中で大きな一歩に挑戦をしています。一歩を踏み出すまでは様々な葛藤がありましたが、今では、日々目標とする自分に近づいているという充実感があります。皆さんも、自分の視野や可能性を広げるために新たなチャレンジをしてみてはいかがでしょうか。一歩を踏み出す皆さんの背中を、少しでも押す事ができたなら幸いです。

介護の仕事は奥が深い

デイサービスセンター
サンライフ御立
生活相談員　改発　幸世
（6年目　資格：介護福祉士、
　　　介護支援専門員）
（昭和53年生まれ）

　皆さんは介護職というとどのようなイメージをもっていますか。

　世間では3K「くさい・きたない・きつい」のイメージがよく言われています。実際介護の仕事をしている私もその印象を言われると「そんなことはない」と強く否定できないところもあると思うこともあります。

　しかし、実際に介護職に就いてみるとそればかりではないことに気づき、それ以上のやりがいを見つけることができる仕事だと思います。

広がりある介護の仕事

　介護の基本は生活援助技術（介護技術）です。介護業界にはしっかり学校で基礎を学んでから仕事に就く人と現場で学ぶ人

の2通りがあります。どちらも介護を志す気持ちに違いはない
と思います。一番大事なことは知識を身につけ実践する力だと
思います。「理解する（分かる）」そして「実践する（できる）」
です。理解していても実践できなければ仕事にはなりません。
生活援助技術を実践できるのは介護職員として現場で働くこと
が一番の近道だと思います。ささゆり会では新入職員に対し研
修を行ったり先輩職員が付き添って教えたりしながら1人でも
多くの職員が実践できる力を身につけられるよう指導していま
す。はじめは3Kのイメージ通りきつくて大変な仕事だと感じ
るかもしれません。しかし「できる」自分になってくるときっ
と気持ちにも変化が現れてくると思います。たくさんの「分か
る」を積み重ねることで自分のやりがいや目標も見つけること
ができると私は思っています。

　介護職は、はじめ現場から入る人がほとんどですが、そこか
らいろいろな職種への方向転換ができるのが魅力の1つだと思
います。生活相談員・デイサービス管理者・社会福祉士・ケア
マネジャーなどたくさんの経験を積み重ねていくなかで自分に
合った職種での利用者様との関わりができるのです。

　現在私はデイサービスの生活相談員として働いています。そ
れまでは約7年間小規模特別養護老人ホームの介護職員とし
て働いてきました。そこではユニットリーダーの職にも就いて
いました。私は社会福祉科の専門学校を卒業して10年間介護

職とは無縁の職場で働いていました。そのため、ささゆり会に入職した時は全く介護の実践を知らない状態でした。そんな中でほかの職員に基礎を教えてもらいながら実践する力を身につけていきました。私は７年の間に介護福祉士と介護支援専門員（ケアマネジャー）の資格を取得し、現場で学んだことを生かし生活相談員として働きたいと考えるようになりました。

それぞれの職種で利用者様との関わり方は異なってきます。介護職員として働きながら自分に合った職種を考え、その職種に就けるのは介護職の魅力の１つだと思います。そのため常に新しいことを吸収する力と勉強することも必要になります。介護の仕事はとても奥が深い職業だと思います。

新米デイサービスの生活相談員として

現在、私はデイサービスの生活相談員として働いています。はじめは利用者様との関わりの違いに戸惑いどのような介護を行っていけばよいのか分からない時期もありました。しかし基本は同じです。現場で培った介護力と知識で利用者様主体の介護を行うことを第一に考え、そして生活相談員として新たな知識を身につけるべく現在頑張っています。

生活相談員の仕事って何ですか？　とよく質問されます。生活相談員の業務は大きく分けて３つの業務があります。まず１つ目は専従業務です。契約や相談援助、ケアマネジャーとの

連携、通所介護計画書作成などです。2つ目は管理者との兼務業務です。これは事業計画や事業報告、給付管理、研修などです。最後に3つ目は介護職との兼務業務になります。送迎の運転手や食事・排せつ介助などのケア補助などになります。このように生活相談員の仕事は多岐にわたります。私は生活相談員に就いてまだ1年未満のため介護業務を優先してしまいがちですが専門職として働くためにはまず生活相談員専従業務を優先に仕事をしなければならないと痛感しています。現場での経験は8年を超えていますが、生活相談としての経験はまだまだです。悩むことも多くなかなか生活相談員としての専門性を発揮できず試行錯誤の状態です。

　生活相談員は施設に1人か2人しかいません。ささゆり会は規模も大きくやる気がある人には積極的にチャンスを与えてくれる職場です。そのような環境で働くことによって介護の知識や視野も広がり自分自身が目指す介護が見えてくると考えます。

働きやすい環境は大切

　介護施設は閉鎖的なイメージがありいじめがあるのでは？人手不足だからきついのでは？ などマイナスイメージが先行していると思います。私自身も入職する前はこんなイメージを持っていたのでこのように考える人は少なくはないと思います。

第4章　働きやすくモチベーションを高める職場環境　*103*

　実際、介護業界は慢性的な人手不足です。しかしささゆり会では国の基準より多くの人員を配置しています。多く配置していても急な欠勤により人手が足りないこともあります。じゃあ厳しいのでは…と思われますがそこをカバーするのが職員同士の信頼関係と連携です。人手が足りない時でも、みんながいつもより頑張ろうと一致団結して業務を行います。そうすることで職員同士の絆も深まります。入職してはじめは覚えることに必死でしんどいことの方が多いかもしれません。でも、たくさんの人がサポートしてくれます。職員同士の関係も良好で悩みなども相談しやすい環境にあります。先輩や上司がすごく身近に感じる職場だと思います。このように相談しやすい環境は、働くうえでとても重要です。私自身もたくさんの先輩や上司に助けてもらいながらここまでやってきました。今度は私が後輩をサポートする役割だと思っています。悩んだり辛いことがあればそれを相談できる先輩でありたいと思っています。

　それから施設の規模もとても重要です。介護職は体に負担がかかる仕事です。ずっと続けたいと考えていてもそれがかなわない職員も中にはいます。そんなときには配置転換などをすることにより、少しでも職員が働きやすい環境を作ってくれます。またストレスチェックなどを基にカウンセリングを実施し心のケアにも努めています。どんな仕事も大変なことや辛いと感じることはあると思います。その中で、自分が自分らしく頑

張れる環境に身を置き信頼できる仲間と出会え、一緒に働く事ができることはとても幸せなことだと感じています。

思い切って介護の世界に飛び込んでみる

　私が介護を目指すきっかけになったのは、ただやってみたくなったというのが正直なところです。そんな軽い気持ちで始めた介護の仕事ですが、今では自分に合った仕事だと感じています。高い志を持って入職することは素敵なことです。しかし、みんながみんなそうではありません。それでも私のようにやりがいを持って仕事に向き合うことができます。始める前からいろいろ考えても答えなんて出てこないと思います。少しでも介護に興味を持ったなら、一度介護の世界に足を踏み入れてください。やりがいを持って働ける職種に就けることはとてもラッキーだと思います。どのような仕事でもただ1日働いてお金がもらえたらよいということでは、働くこと自体がとてもしんどくなってきます。やりがいのある仕事をするという希望をもって介護業界も選択肢の一つとして考えていただけたらと思います。

作　板東貴美子

資格取得・研修による成長

リハビリデイサービス
サンライフ御立西
生活相談員　植田　悠美
（13年目　資格：介護福祉士、
　　　　　介護支援専門員）
（昭和55年生まれ）

　私は、大学卒業後、平成15年4月にささゆり会に入職し、平成28年3月末で勤続13年となります。子供も2人いますが、産休・育休を経て、現在はリハビリデイサービスサンライフ御立西に勤務し、主に、日々の利用者様の送迎、リハビリ補助、体操やレクリエーションの提供に従事しています。

ドキドキの新人研修

　私がささゆり会に入職する事が決まると、周りからは、「人のお世話なんて大変やで」などと言われる事が多く、私自身、学生時代は福祉に直接関わりのない学部で学んでいたため、介護の知識も技術もまったくといってよい程知らず、入職前は不安も大きかったのを覚えています。しかし、同期入社の職員が多く、私の他にも福祉学部以外の出身者もいたので、安心して

研修に臨めました。

　入職して1週間は座学で、介護の仕事をするにあたっての心構えから、社会人としての礼儀作法、介護技術などについての講習がありました。その後、事務所・医務・厨房・デイの各部署で3日程度ずつ各部署の先輩に付いて回って仕事を見せていただけたので、各部署の仕事の役割なども少し知ることができました。各部署の先輩方とお話する機会が持てたので、研修後も、「どう？　慣れた？」などと声をかけてもらえたり、相談に乗ってもらえたりと、研修期間は貴重な時間を過ごさせていただいたと感じています。

ささゆり会での研修について（外部研修・キャリアパス制度）

　毎月1回は職員全員参加の会議があり、外部研修に参加した職員の報告書を発表します。

　笹山総括施設長は、「職場に必要な研修や、利用者様のためになる研修には、どんどん参加しなさい」という方針で、例えば、「ある施設が新しい取り組みをしているからその見学にいこう」と施設訪問したり、福祉機器展、QC活動、介護技術（実技の発表）の大会、新人研修、感染症対策など、内容は様々で、なかには泊まりで行く事もあります。研修に参加した職員は、貴重な時間や費用を使って参加させてもらっているため、自分が受けた研修内容を皆にわかりやすく報告できるよう

に研修報告書を提出しています。

 また、ささゆり会には、キャリアパス制度があり、勤続年数や取得資格、職務内容や役職によって内部研修が行われています。1〜3年目は、「仕事論」や「礼儀作法」といった仕事に対する姿勢や社会人としての基本的なマナーを学

作　板東貴美子

びます。3〜5年の中堅職員になると、「リーダーシップについて」などを学び、各部署の管理者や主任になると、「マーケティング」や「人事労務」「会計」といった施設運営に必要な研修も受けるようになります。

 「福祉の仕事なのに、マーケティングや会計の勉強をするの？」と不思議に思われた人もいるでしょう。私も、最初は「なんで、こんな研修を受けないといけないのだろう？」と思っていた1人でしたが、実際に勉強してみて、施設運営を行うにはもちろん現場の力は大切ですが、管理者や上に立つ者が労働基準法やお金の流れ（収入・支出の内容）が解っていないと、今後どのような施設運営をしていくか、どうやって利益をあげるかを考えていく上で「健全な運営ができない」という意味が分かってきました。

研修は、会計など学んだ事のない私にはどれも難しい内容ですが、テキストは初心者でも分かりやすい物を選んでくださっているので、理解しやすいです。

資格は自分のためのもの ～ 私の体験談 ～

笹山総括施設長は、以前から、「資格は自分のものだから、取れる資格は取った方が良い！」と口を酸っぱくして話されています。ささゆり会では、資格取得に対する手厚いサポートがあり、介護福祉士、介護支援専門員（以下「ケアマネジャー」という）、社会福祉士といった資格取得対策が行われています。

毎年、1月の初旬にその年に試験の受験希望者に対し、笹山総括施設長より試験対策の説明会が開かれ、テキストや問題集が配布されます。

その後、毎週1回ささゆり会独自に作成されたプリントが受験希望者に配布され、自分で問題に取り組み、翌週に正解の解答と次の問題プリントが配布されるので、自分で答え合わせを行い、点数を担当職員に報告していきます。それが受験前まで続きます。

私自身もそのサポートを受け、介護福祉士とケアマネジャーの試験に無事合格することができました。簡単に合格したように記載していますが、ケアマネジャーの試験は、恥ずかしながら何度も不合格となっています。その理由は、もちろん自分の

勉強不足です。

　ケアマネジャーの受験資格を得た頃、私は独身で、仕事から帰宅すると、疲れて寝てしまったり、ついテレビを観て過ごしてしまったり、仕事が休みの日には遊びに出かけたりして、頭の隅で「試験があるから勉強せなあかんな」と思いながらも勉強には身が入らず、月日は流れ、だんだん試験日が近づくと慌てて勉強しようとしましたが、範囲が広くどこから手をつければよいのやら…。結局勉強はほとんど手付かずのまま受験することになりました。

　ケアマネジャーの試験は、私は神戸大学で受験したのですが、電車に揺られ、満員のバスに乗り、受験会場に行きました。もちろん試験の手ごたえもなく、試験後の帰りの道中はぐったりし、「二度と行きたくない」「来年はまじめに勉強をしよう」と思いながら、試験から数週が経つと段々その気持ちが薄れ、勉強する時間もほとんど取らなくなりました。その悪循環を繰り返していましたが、転機となったのは子どもが生まれ、育児で忙しくなってからでした。

　育児休暇を1年間取らせていただき、子どもが1歳になり職場復帰すると、家事・育児に追われ、自分の時間などほとんど持てず、正職員で働くことをやめようかと思うことも多々ありました。

　そんな時、ケアマネジャーなら子どもに合わせて休みを取り

やすいかな？　と考え「次は絶対受かろう」と勉強を始めたのですが、なかなか時間が取れず、子どもを寝かせて家事を終えた後、寝る前にテキストを開いて、勉強を始める事が多かったのですが、睡魔に負け、いつの間にか眠ってしまっていたり、問題に取り組んでいると、途中子どもが夜泣きして中断したりと、思うようにはかどらず、「こんなしんどい思いをするのなら、もっと早くからしっかり勉強に取り組み、資格取得していれば良かった」と後悔し笹山総括施設長の「資格は自分のためのもの」という言葉の意味を実感しました。私は、その年、無事に合格することができました。

　このような経験をしたからこそ、これから、就職し介護の分野で仕事をされる若い皆さんには、ぜひ取れる資格試験にはチャレンジし、早めに資格取得を目指される事をお勧めします。

資格取得・研修を利用して質の向上を目指す

サンライフ御立
居宅介護支援事業所
管理者　千葉さおり
(19 年目　資格：介護福祉士、
　主任介護支援専門員、
　ホームヘルパー1級)
(昭和 52 年生まれ)

高校卒業と同時に介護福祉士合格

　高校卒業時に介護福祉士国家試験の受験資格を得ることができる高校の福祉科に通っていました。高校生の合格率は一般より少し低い合格率だったため、1度の試験で合格するとは考えてもおらず、試験勉強にも身が入らず介護福祉士国家試験の筆記試験を受けました。1問目から意味の分からない言葉…。こんな事ならもっと勉強をしておけばと早くも後悔していました。しかし、なんとか合格。次は実技試験。筆記試験の合格通知が来た時には、高校の卒業式は終わっていました。実技試験当日は、今までで一番緊張しており、もっと真剣に実技の練習をしておけばよかったと思いました。結果は…運も味方したのかなんと合格しました。また、私たちの卒業時からヘルパー1級の資格ももらえました。

真新しい施設での仕事

　サンライフ御立が平成 8 年 10 月開設と同時に入職しました。当時は、介護保険制度も介護支援専門員（以下「ケアマネジャー」という）の職業もなく特別養護老人ホーム入所は措置の時代でした。介護職で勤務している中でも研修の多さにびっくりしました。接遇、マナー研修から介護業務、実技に関わる研修。そのすべての研修は業務の一環で行かせていただき、自分のスキルアップのため、研修した事を施設内に持ち帰り他の介護職員に伝えサンライフ御立の介護職員全員のスキルアップを目標に、研修に臨みました。東京の日帰りの研修や一週間泊まりで他施設研修に行かせていただいた事もあります。興味のある研修内容でも有給や自費でとなると躊躇してしまいますが、研修に係る費用はすべて施設で負担していただき業務の一環としてもらえたのはありがたかったです。

勉強するきっかけはマンツーマン勉強会

　平成 12 年 4 月から介護保険制度が始まりました。それと同時にケアマネジャーが生まれました。しかし当時は、介護職として勤務をしていたので、自分には全く関係のない資格、仕事だと思っていました。実際に介護保険制度が始まっても介護業務にあまり大きな変化が感じられませんでした。特別養護老人ホームの入退所などの手続きは生活相談員が行っていたし、ケ

アプランなども作成していたので措置の時代から契約の時代への変更を業務の中で実感する事はありませんでした。

　月日は流れ、自分自身もケアマネジャーの受験資格を得る時期となりましたが、施設長が行っている勉強会にもほぼ行かず…。案の定、試験は不合格でした。次の年も受験し、前年の時のように勉強会にほとんど参加しませんでした。しかし、あまりにも勉強会に参加しない私に業を煮やしたのか、ある日、突然、施設長から日勤の仕事は他の職員に任せて午後から予定を開けておくようにとの連絡がありました。午後、指定された時間に相談室に行くと施設長とマンツーマンで勉強をする事になってしまいました。マンツーマンでの勉強会は二度とごめんだと思い、この日を境にこれまで以上に勉強をするようになり、今では、よい勉強するきっかけを与えていただいたように感じています。実際、施設長の説明は凄く分かりやすかったです。テキストとは別に医療分野のみをまとめたプリントもいただいたことを覚えています。そのプリントは試験当日の会場に着くまでの電車の中でも見ることができました。特に医療分野を苦手に感じていた私にとってはありがたいプリ

作　板東貴美子

ントでした。幸い、2回目の試験で合格することができました。

　その後、介護職から居宅介護支援事業所へ移動し、ケアプランを1つ作るにもかなり時間がかかっていました。居宅介護支援事業所で勤務するようになっても介護保険制度をすべて理解できておらず、失敗をして利用者様、ご家族様に迷惑をかけたことも何度かありました。何となく業務が行えるようになったと思ったら介護保険制度の改正がありそのたびに、自分自身が改正点を理解して利用者様、ご家族様に分かりやすく説明できるか悩んでいます。

　子ども2人が小学生になった事もあり時間短縮勤務から通常勤務に戻り他の常勤と同じだけに業務を行わないといけない時期になりましたが、何とか周りの協力を得ながら仕事を続ける事ができています。ケアマネジャーに加えて主任介護支援専門員の資格を得る事もできました。主任介護支援専門員の資格を得たからと言って今の自分には専門性が業務に活かされているとは思えません。今後、研修日程も大幅に増えてきます。専門性を発揮して業務に活かしていくためにも、ただ研修に参加するのではなく多くを学び取ろうと思っています。

職員の声から充実していく福利厚生

　サンライフ御立の開設と同時に入職しましたが、最初のうちは福利厚生や研修制度などもあまり整っているとは言えません

でした。しかし、研修制度や資格取得に向けた法人内での勉強会の開催、保育料の1/2の支給、小学校入学前までの時間短縮勤務など今は当たり前の制度になっています。1人目の子どもを産んで育児休暇を終え復帰した2日目の朝に出勤するとすぐに当時の事務長に1時間早く仕事を終える事ができないかの打診をしました。自分の中でこのままだと仕事を続けるのは無理だと思いました。当時は時間短縮の勤務形態がありませんでした。それにもかかわらず、すぐに施設長と話をして次の日から時間短縮勤務が認められました。その後、正式に理事会に承認され今に至っています。

　高校卒業後、すぐに就職し結婚、出産を経た今でも変わらず正社員として勤務できているのは、福利厚生や研修制度がしっかりとしているからだと感謝しています。

　開設と同時に入職した頃はささゆり会がここまで大きくなるとは思ってもみませんでした。しかし、逆に考えればたくさんの事業所、部署があるからこそ自分に合う業務に就くこともできるのかもしれません。

　充実している研修制度をうまく利用していきながら、自分にできる精一杯の介護サービスを利用者様に届けていきたいと思っています。

訪問介護事業所管理者としての挑戦

サンライフ御立
居宅介護支援事業所
介護支援専門員　芦田紗矢香
（5年目　資格：介護福祉士、
　　　　介護支援専門員）
（昭和59年生まれ）

ささゆり会入職のきっかけ

　私は、平成23年4月に社会福祉法人ささゆり会に入職し、平成28年の4月で5年目となります。まだ5年目かという印象が強いかと思われますが、私にとってはもう5年経ったという印象で、それぐらいささゆり会に入職してから1年1年があっという間に終わるのを毎年感じています。私はささゆり会に入職する前に2社、福祉関係の仕事に就き10年が経っていました。現場での経験値もでき後輩もたくさん入職するようになり教えられる立場から教えるという立場に変化していきました。そんな時ささゆり会の入職の話があり、訪問介護事業所に所属しサービス提供責任者の役職として働くことになっていました。しかし、入職する少し前に上司から電話連絡があり、驚き戸惑いました。その内容というのはサービス提供責任者では

なく管理者として働いてほしいというものでした。

管理者になって学んだこと

　訪問介護事業所の管理者として仕事をさせていただき、何度か挫折しそうな時もあり辞めたい、逃げたいと思ったこともありました。そんな時に支えてくれたのが仕事の仲間や家族の助言です。話し合う機会がなければきっと管理者としての仕事を続けることが難しかったと思います。悩みや不安な事を相談し合える環境が大事だと改めて思いました。また、訪問介護員の仕事に対する思いに寄り添った仕事がサービスの質の向上につながると思い、管理者として訪問介護員と気軽に話しができ、相談しやすい場をつくることに努めた結果、信頼関係を築くこ

作　増田恭子

とができました。また他事業所のケアマネジャーとも多く関わることで相談・報告を迅速に行い利用者様の希望にそったサービスの提供を行うことができました。

　利用者様にも年1回アンケートをとるなかで管理者になった当初は苦情もいくつかが記入されていましたが、翌年になると苦情も少なくなり、3年目には「いつもヘルパーさんには来てもらって助かっています」など、感謝の言葉を多くいただくようになりました。また、経営に関してまったく経験がなかった私がここまで成績を伸ばせることができたのは、笹山総括施設長が主催する経営やマーケティングに関してのサンライフ御立での研修に参加し学んだことが結果と結びついたのでないかと思います。利用者様に満足したサービスを提供し、仕事もスムーズに行えるようになりたくさんの良い経験をさせてもらい感謝しています。

これからの目標
　現在はサンライフ御立居宅介護支援事業所でケアマネジャーとして勤務しています。ケアマネジャーとして関わる中でまた違った位置から各事業所の方たちと仕事をさせていただき、管理者として経験し学んだことやサンライフ御立での研修などで勉強して得た知識を利用者様、家族様に満足していただけるようサービス提供に活かしていきたいと思います。

管理栄養士から介護支援専門員へ転身

さくらデイサービス大津
居宅介護支援事業所
介護支援専門員　長谷川英子
（10 年目　資格：管理栄養士、
　　　　介護支援専門員）
（昭和 58 年生まれ）

　私は、管理栄養士養成の大学で学びましたが、病院での栄養指導や制限食の提供には興味がありませんでした。そこで、老人ホームであれば、制限はそれほどなく、美味しい好きなものを提供できると考え、特別養護老人ホームサンライフ御立に応募しました。

介護支援専門員の試験に挑戦

　入職して約 5 年が経ったころ、介護支援専門員（以下「ケアマネジャー」という）試験のための研修を受けるよう施設長から言われました。合格しなければ、毎年受けさせられたら嫌だなという思いばかりでしたが、どうせ受けるなら一回で合格してやろうとも思いました。1 月に分厚い施設長お手製のテキストを渡され、軽く中身を見て、勉強しようと思うどころか、や

作　板東貴美子

る気がどこかに行ってしまう程の、文字・文字・文字でした。それから、毎週のようにテキストの範囲を指定したテストをする勉強会が開かれ、終盤は過去問を配ってくださり、それを何度も解きました。試験後は、これはまた来年受けないといけないなと覚悟したほど、良く分かりませんでしたが、ギリギリセーフで合格していました。こうしてケアマネジャー資格を取得してしまいました。

迷いながらも介護支援専門員として奮闘中

それから何年か経ち、こんなふうに表現すると怒られるかと思いますが、仕事に疲れたのか飽きたのか、仕事を辞めてリセットしたいと思いました。辞める話になっていたのになぜかケアマネジャーとして仕事をすることになりました。

介護の経験のない私が、ケアマネジャーをして、利用者様や家族様に迷惑をかけてしまわないか不安でした。利用者様や家族様にとっては、ベテランでも新人でも変わらず１人のケアマネジャーです。頼りなく申し訳ない気持ちでいっぱいでした。

働き始めて1年と少し時間が経ちましたが、いまだにわからない事ばかりで、果たして、どのようなサービスとつなげることが、利用者様にとってよいのかを考えさせられる日々です。やりがいを得るまでにはまだまだ相当の時間がかかりそうですが、日々勉強し、利用者様や家族様に頼られるケアマネジャーになることが今の目標です。

仕事を任されることで成長する

介護付有料老人ホーム
サンライフ住吉川
施設長　船引　章延
（8年目　資格：社会福祉士、介護福祉士、主任介護支援専門員）
（昭和49年生まれ）

決め手は福利厚生

　私は34歳の時、平成20年4月に社会福祉法人ささゆり会に中途入職しました。それまでは大学を卒業し姫路市内にある有料老人ホームで9年勤務していました。理事長をはじめ、園長にも大変よくしていただいていたのですが、経営状態も悪く、給与の定期昇給が不安定であり、退職金の積み立てがされていない事を不安に思い、そんな時にささゆり会の求人を見て応募しました。笹山統括施設長に面接していただき、社会福祉法人ささゆり会のお話を聞かせていただき、職員の労働環境や福利厚生面に大変、魅力を感じ、転職する決意を固めました。

　その、魅力を感じた福利厚生は、保育料1／2負担、夜勤等の免除等あるため、出産を終えた女性職員はほぼ、復帰しています。子育て世帯には本当にありがたい制度です。近年、男性

の所得が減少、また女性の社会進出で共働き世帯が1,000万世帯を超えています。当事業所でも共働き世帯が多く、その共働き世帯を支援する体制が整っていると感じました。

退職金については、社会福祉法人ささゆり会退職金、社会福祉法人ささゆり会特別慰労金の2本立てで、社会福祉法人ささゆり会退職金は勤続3年後、社会福祉法人ささゆり会特別慰労金は勤続4年後から請求すれば、支給されます。掛金は施設の全額負担です。何より、独立行政法人福祉機構等と違い破綻の心配が無い所に安心感があります。

定期昇給においては、キャリアパスに基づき、昇格試験があり、昇給があります。

介護の仕事は常に勉強する姿勢が求められます。学習内容

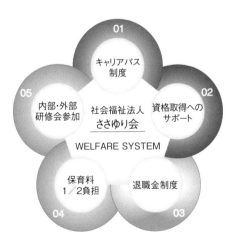

においては、労働基準法、マネージメント、会計、礼儀作法など、バリエーションに富でおり、笹山統括施設長自ら、講義を行い、福祉分野だけの学習では無く、社会人として、また施設経営のノウハウを学び、自身の成長につながります。現在は大企業に就職すれば安泰という時代ではなくなっています。先見の明を持てるようになりたいと思いますが、なかなかできる事ではないので、時代の流れに柔軟に対応できる力を持ち、可能な事から一歩ずつ進んで行きたいと思います。

高い資格取得率

　介護福祉士、社会福祉士、介護支援専門員の取得を全面的にサポートする体制が整っており、市販テキストやオリジナルテキストの配布と毎週問題が配布され勉強会が開催されます。また、介護福祉士の実技試験においては、先輩職員がサポートしてくれます。その結果、資格取得率は非常に高い状況にあります。資格取得は介護の仕事をして行くうえで、必須であり、自身の財産にもなります。多くの職員が資格取得に励んでいるので、大きな刺激となります。私も1度も受験せず16年放置していた社会福祉士国家試験ですが、刺激され3年前、受験し合格する事ができました。

　4年前からは看護師奨学金貸付制度ができました。常勤は勤務1年以上・非常勤は週30時間以上勤務2年以上で看護学校

の入学を希望する者は、看護師奨学金貸付制度（300万円）を利用できます。費用は看護学校卒業後に5年間ささゆり会で勤務することで返済免除になる制度ですが、看護師になりたいけど経済的に無理だと思われる人には、この制度はとても魅力的だと思います。また、学校が休みの時は施設で勤務することができます。

サンライフ住吉川の管理者となって

　平成21年5月に神戸市東灘区のサンライフ住吉川という介護付有料老人ホームがオープンし、さくらケアサービス株式会社に出向となり、管理者に任命されました。

　サンライフ住吉川は開設時、リーマンショック、鳥インフルエンザなどの世間を騒がせる事柄が多くあり、大変苦戦しましたが、小規模でアットホームな施設、手厚い人員配置をセールスポイントにおき、開設から2年5か月後、満床となり軌道にのった経営状況になりました。有料老人ホームは、価格にもよりますが、資金力のある企業でなければ、軌道に乗せる事は不可能だと感じました。私は介護においては知識はありましたが、経営においては、まったくの素人です。統括施設長をはじめ、同グループの職員からご指導と協力をいただき今日に至ります。小さい施設ですが、ひとつの施設を任せてもらえる事は、自身の成長につながりますし、仕事への張り合いもでると

思います。1法人1施設しか運営していない施設の場合は長く働いても、なかなかつくことができるポストもありません。昇格がなければ給与もあがりません。私の知り合いに1法人1施設で働く優秀な介護職員がいますが、20年近く働いていますが、未だ、ポストに空きがなく、一般介護職員です。長期に亘って高いモチベーションを維持するには、それに見合ったポストを与えてもらえなければ、不可能だと思います。

　私は管理者という立場で、入居者様への生活環境、サービスの向上は勿論、職員にとっても居心地が良く働きやすい労働環境及び、高いモチベーションを維持してもらうにはどうすれば良いかを考え仕事に取り組んでいます。いくら考えて良い案が

作　板東貴美子

出ても、それが、実行できない組織であれば、考える意味がありません。私が以前、働いていた事業所では、熱心な熱い思いを持った職員が、入居者様へのサービス向上について考え提案してきてくれるのですが、稟議が通らず（お金がかかる）実行できない事が多々ありました。そんな事が何度もあると、相談員や管理に携わる者への不満を抱いたり、現場で働く職員のモチベーションも下がります。それだけでは無く、やる気のある優秀な職員は去っていき、全体的に士気の低い施設風土になっていきます。

　何事もハード面、ソフト面において実行するには、決断力、質の良い職員と資金力を備えていなければなりません。社会福祉法人ささゆり会には、何事も実行する力があります。ですから、現場の声を拾い上げ入居者様へのサービス向上、職員の労働環境の向上において常に改善する力があります。

　外部研修等も積極的に参加する事ができ、職員の成長を全面的にサポートする体制が整っています。介護業界でスペシャリストを目指したい方は、是非、社会福祉法人ささゆり会の門をくぐってください。やりがいのある人生の扉が開かれます。

施設がサポートする資格取得

特別養護老人ホーム
サンライフ御立
顧客対応責任者　舩木　仁子
（9年目　資格：社会福祉士、
介護福祉士、介護支援専門員）
（昭和58年生まれ）

仕事をはじめて

　私は、福祉系の大学を卒業後、平成18年4月に社会福祉法人ささゆり会に入職しました。

　特別養護老人ホーム（以下「特養」という）では2年間勤務し、デイサービスへ異動しました。デイサービスは特養とは全く違う場所で、利用者様への考え方も異なります。特養では、利用者様がお亡くなりになるときまで関らせていただけたので、大袈裟かもしれませんが、利用者様の人生の一部に関わらせていただけているという思いで、利用者様のことを家族のように感じていました。また、利用者様のご家族とも早い段階で信頼関係を築くことができていたと思います。

　デイサービスは色々な利用者様が週に何回か利用され、それぞれの利用者様により、利用する目的が異なります。自宅で入

浴が困難なため、お風呂を目的に来られる方や一人暮らしをされている利用者様がお友達とお話をするために来られたり、身体の機能を向上させるためリハビリ目的で来られたりと様々です。そんな利用者様の目的や思いを考え、喜んでいただけるようにサービスを提供します。また、1人の利用者様が週に数回の利用となるので、家族様との信頼関係を築くのも容易なことではありません。こちらの言葉遣いや態度などで信頼関係が崩れる恐れもあります。最初はそういった環境になかなか馴染めずこれが同じ介護の仕事なのかと戸惑うことも多々ありました。しかし、毎日、毎日、違う利用者様と関わらせていただくことで、色々な生活歴や考え方の方がいらっしゃり、こちらも学ぶことができそれがとても勉強になりました。更には法人内だけに留まらず、他の事業所や居宅介護支援事業所の介護支援専門員（以下「ケアマネジャー」という）の方との関わりで、ネットワークの大切さを学び、そういったことが仕事に対する面白さにも繋がっていきました。

介護福祉士受験

　実務を3年経験すると介護福祉士の受験資格が得られます。この流れで私も入職後4年目に介護福祉士の受験をしました。試験の1年前からオリジナルテキストを配布してくれ、毎週決まった範囲の中から20問の問題が出る小テストがあり、それ

をその場で解答し、答え合わせをして自分の点数を表に書き込んでいきます。そのとき、その年に受ける他の職員の点数も書き込まれているので、他の職員の進捗状況が分かり、自分の点数が悪いともっと頑張らなければいけないなと良い刺激になっていました。

　本来ならば、自分で参考書を買って、計画を立てて進めていかなければならないところを、ささゆり会が年間計画を立ててくれ、テキストも配布してくれます。そんなサポートのお陰で、筆記試験に合格することができました。次は実技試験に向けての特訓が始まりました。ここでも、仕事終わりの午後7時から、実技試験の経験のある職員が、本番さながらに声かけから指導してくれました。介護技術のDVDを受験者で見て色々話し合ったり、施設長も毎日顔を出してくれ、励ましの喝を入れてくれたりと、1か月間みっちり実技の練習をしました。何度も何度も繰り返し練習することで、体が覚えていき、本番でも練習を振り返りながら落ち着いて臨むことができました。結果は見事合格し、介護福祉士の資格を取得することができました。

介護支援専門員（ケアマネジャー）受験

　その後、結婚、出産を経て1児を授かり、産休・育休を取り、復帰しました。入職から5年が経ち、次はケアマネジャー

の受験に臨むことになりました。やはり、家庭（育児）と仕事の両立は想像以上に忙しく、厳しいものでした。ささゆり会のサポートは、介護福祉士の時と同じようにオリジナルテキストを無料で配布してくれ、毎週決められた範囲の小テストがありました。ただ、仕事が終わって子どもを迎えに行き、夜ご飯を作って寝かしつけ、その後に勉強をしようと思っても疲れてしまって自分も一緒に寝てしまうことや、テキストに向かってもなかなか頭に入らずウトウトしてしまうことが多々ありました。そのため、その年の試験の結果は不合格で、試験に落ちるだろうなと覚悟はしていたものの結果をみるとやはりショックでした。その年に受けた同期の職員は皆合格しており、自分の力のなさに更に落ち込みました。

　２度目の試験勉強も勉強時間を作るのには苦労しましたが、主人や周囲に協力してもらい、もう二度とあの悔しい思いをしたくないという思いで必死にテキストやもらった過去問を解き、見事合格することができました。辛い思いの方が多かったですが、合格後の達成感は今までにないくらい嬉しいもので、ささゆり会のサポートや周囲のサポートに感謝の気持ちでいっぱいです。

これから働いていくにあたって

　私は、入職してから、結婚、出産を経て、2児の母となりました。資格取得のサポートだけでなく、1年間の産休・育休や、職場復帰後も夜勤なしで務めることができ、毎月の保育料の半額を施設が補助してくれています。ここまで、正社員として仕事を続けてこられたのも、女性が働きやすい職場にしてくれた法人のサポートがあってこそだと、本当に実感しています。何より、同じ状況の女性職員も多いということも働きやすさに繋がっていると思います。自分が経験したことを後輩にも伝えていきたいし、子どもが手を離れた後は、今度は自分がしてもらった分を返していきたいと思います。職員がいきいきと仕事やプライベートを充実したものにすることができればそれは本当に幸せなことだと思います。これからのささゆり会の発展に少しでも貢献していけるような人材になりたいと思っています。

　皆さん是非一緒に働いてみませんか。

作　板東貴美子

働く場所を選ぶポイント

ユニット型老人ホーム
サンライフひろみね
施設長　西川　明茂
(14 年目　資格：社会福祉士、
介護福祉士、介護支援専門員)
(昭和 54 年生まれ)

働く場所を選ぶポイント

「あなたは就職するならどのような職場を選びますか？」この問いかけに対してあなたはまず何を思い浮かべますか？　就職先を探す際、求人票を見る時にまず目に入るのが「基本給」ではないでしょうか。生活していくにはお金が必要です。ただ、基本給だけで総収入を知ることはできません。資格手当、賞与、住宅手当など付随する手当を集計した「総収入」でなければ、どの会社がより魅力的であるかを測ることはできません。

また、具体的な金額では表記されませんが昇格・昇給制度の有無があります。キャリアパス制度の構築により職員研修や昇格制度のある職場はありますが、「実際にどれぐらい昇給するのか、昇格する機会や枠はあるのか？」を知る必要があります。当法人ではキャリアパス制度を導入し、職員全員に対し

て内部研修や試験、面接を行い昇格・昇給につなげています。「社会に出て就職したから勉強をしなくてもよい」という考えは間違いです。学校では一般教養や専門資格について勉強をしますが、就職すると会社の方針や仕事に繋がる内容の勉強をする必要があります。日々研鑽し能力を高めることにより良いサービスが提供でき、お客様や法人にとって有益な効果をもたらすものだと思います。

　職場選びのポイントとしては、各法人または会社のホームページを参照することをお勧めします。ホームページには会社が行っている活動や方針が載っています。そして、見学に行き自分の目で見ることをお勧めします。働く職場の雰囲気を肌で感じ、先輩方の働く姿を見て、実際に就職した時のイメージを描くことで、より具体的な職場選びができると思います。興味のある職場で働く学校の先輩に詳しい話を聞くことも1つの手段だと思います。

　職場を選ぶときは安易に「基本給」で選択するのではなく、「賞与やその他付随する福利厚生」「会社の方針」「職場の雰囲気」など全体像を知ることが大切です。全体像を把握した上で、自分にあったところを選びましょう。ただ、自分が職場を選んだとしても、「相手が絶対に自分を選んでくれる」という保証はありません。自分が職場を選んだならば、その職場に選んでもらえるように自分の能力の向上に努めましょう。学校で自分

は何を学んだかを振り返り、学んだことが働きたい職場でどのように生かせるかを他者に伝えられることができるようになれば面接の練習にもなります。働きたい職場で働くことを想定しながら、働きたい職場に選んでもらえる努力をしましょう。

仕事と向き合い、働き続ける理由

　私は入職し、利用者様にとってより良いサービスが行えるように自身の介護技術の向上、外出、外食サービスの実現などに努めてまいりました。認知症の利用者様とのコミュニケーションはとても難しいです。利用者様の発言や行動を観察したり、家族様や職員に好きなことや生活スタイルなどの情報収集を行い本当に利用者様が伝えたいことを理解できた時に達成感を味わうことができます。また、利用者様が生じた問題をみんなで考え、解決し、笑顔で穏やかに過ごしていただけたときに嬉しくなります。

　仕事は独身の時は自己研鑽が第一で働いておりましたが、結婚して家庭を持つと家族を養っていくことが一番になります。これからも家族との時間も大切にしながら、仕事にも励んでいきたいと思います。

作　板東貴美子

仕事と家庭の両立の実現

さくらデイサービス大津
生活相談員　首藤　恵理
（13年目　資格：介護福祉士）
（昭和58年生まれ）

　私は短大卒業後、サンライフ御立に入職し、特別養護老人ホームで5.5年、ショートステイで4.5年の介護職を経て、現在さくらデイサービス大津にて生活相談員として働いています。生活相談員の仕事は幅広く、利用者様・家族・介護支援専門員との連携や調整、利用者様の状態を把握しておくこと、相談業務など、事業所全体を見ながら、臨機応変に対応し、様々な業務をしなければなりません。

デイサービスを安心して利用してもらう工夫
　「利用者様に寄り添いその人らしく生活を送ることができる」を第一に考え、様々な工夫や取り組みを行っています。利用者定員が30名と少人数なため、利用者様の意見や希望も取り入れやすく、アットホームな雰囲気づくりを心掛けています。

入浴・食事・排泄介助などの介護業務を通して、積極的に利用者様と関わっていくことも大切にし、健康状態の変化、表情や様子、家庭内の出来事や悩みごとを抱えているなど、少しの変化でも気づくことができるように努めています。話を聞くだけでも気持ちに変化が生まれ、気分が落ち着き、状態の安定につながることもあります。利用者様に寄り添うことで信頼関係を築き、デイサービスを安心して利用してもらうことは、利用者様の家庭での生活の安定や楽しみにも繋がると考えています。

また、職員同士でもお互い協力し合いながら、どんなことでも自主的に、前向きに取り組み、利用者様によりよいサービスを提供できるよう努めています。月単位で毎日どのようなレクリエーションをするか提示し、職員内で毎日のレクリエーション担当を決め、同じ内容にならないように調整しています。小物づくりや貼り絵など室内での作業だけではなく、気候のよいときにはできるだけ外出し、利用者様に喜んでもらえるよう工夫しています。ボランティアに来ていただき、音楽療法、手品、大正琴、エイサー、銭太鼓、バンド演奏など地域との交流も行っています。「こ

作　板東貴美子

こに来ることが楽しみ」「ここに来てから元気なった」「表情が明るくなった」「ありがとう」と利用者様や家族からおっしゃっていただくことが嬉しく、励みになります。

ライフワークバランスは重要

　私が入職を決めたとき、自分が結婚・出産し、その後どのように働くかということまで正直考えていませんでした。そのため法人の制度についても重要視していませんでしたが、出産を経験し、その重要性を実感しました。介護現場では重労働も多く、女性が出産・育児のために離職するケースが少なくありませんが、ささゆり会では人生を通じて働ける職場であると常に感じています。育児休暇や介護休暇も取りやすく過去に休暇取得した職員も多くいます。ささゆり会には結婚・出産後も正社員として仕事を継続できる環境、安心して子供を産み、職場復帰できるような制度が整っています。

　実際に私も、産休・育休を2度取得し、現在も育児をしながら週32時間の短時間勤務、保育料の半額負担制度を利用しています。このような支援のお陰で、仕事を辞めることなく、子供を産んでも仕事と家庭を両立させながら働くことができています。また多くの勤務地があり、必要に応じて柔軟な配置転換や異動など法人内で調整が可能です。結婚・出産による離職率も低く、生涯を通じて正社員として働くことができ

るということは、収入の面でも安定し、人生設計もしやすく、職員にとって魅力のある職場だと思います。また職員が定着することは、利用者様に対するサービスの質の向上にもつながります。

　子育てをしながら働くということは、自分だけの力では継続できないと感じています。施設や上司、同僚の理解、働きやすい職場であるからこそ、家族や周りの理解・協力が得られているのだと思います。自らの人生設計を考える時、ワークライフバランス（仕事と生活の調和）は重要です。自分が今後どのようなスキルを身につけたいのか、どのような資格が役に立つのか、結婚、子ども、住宅について、それに伴う必要な資金について、自分の人生設計を考え、生涯を通じて働ける仕事、職場を選ぶべきだと思います。

これからも働き続ける

　今まで様々な部署を経験し、夜勤や看取り介護、リーダー業務や現在の生活相談員など、たくさんのことを学んできました。同じ部署にとどまらず、いろんな部署を経験することにより、知識も増え身についたこともたくさんあり、自分自身もとても勉強になっています。その中でも利用者様との関わりを大切にすること、小さなことにも耳を傾け利用者様に寄り添うことは、介護に携わる中でとても重要だと考えています。

今後も法人のサポート制度をうまく利用しながら、仕事と家庭を両立し、自身のスキルアップやよりよい介護を目指し、取り組んでいきたいと思っています。

第 5 章

これからの新たな挑戦

　ここでは、法人が利用者に信頼されるサービスを継続的に提供するための視点をまとめました。介護サービスの質を高めていくためには、担い手を育てることが重要です。あなたならどのような視点が重要か考えてみましょう。

誇りある法人づくりは、誇りある職員づくりから

特別養護老人ホーム
サンライフ御立
生活相談員　植田　智
（14年目　資格：社会福祉士、
介護福祉士、介護支援専門員、
社会福祉施設長資格認定）
（昭和54年生まれ）

「キツイ」・「汚い」・「危険」・「給料が安い」

出始めから何だと思いますよね。今の日本における介護職のイメージの言葉「4K」の中身です。

かたや、「4人に1人」

これは、現在の日本の人口に占める高齢者の割合です。

日本における人口構造は、今後総人口が減少に向かうものの、一方で高齢者人口が増加することにより高齢化率は上昇を続けていくと予想されています。今後日本の状況は、介護における働き手がいない。しかし高齢者は増加していきニーズは高まっていきます。そうなれば、サービスを満足に受けられない高齢者が増加します。そうなると家族も仕事が続けられなくなったり、24時間休むことができなくなり犠牲となるのです。

第5章　これからの新たな挑戦　*143*

　さて、介護保険制度の継続も危ぶまれるような状況の中で、私たちは何を求められ、何を進めていく必要があるのでしょうか。

　それは、地域の方々に、広く長く継続できるサービス展開と、それを支える未来の福祉の担い手を育てることにほかならないと思います。平成27年の介護報酬の削減により、多くの法人や企業が苦しむ結果となっています。赤字経営の所や倒産する企業も多く出てきており、経営状況が悪くなったからと、すぐに事業を身売りする企業も珍しくありません。

　しかし、そのような会社にとっての価値とは何なのでしょうか。

　会社には理念や価値があってこそ職員の意欲もあがります。価値とはお金を儲けることではありません。価値の対価としてお金を利用者様・家族様が支払われているのです。良いサービスを提供していくには価値を見いだしていくほかないのです。

　余談にはなりますが、私の知人も同じ介護業界の仕事をしていましたが、会社が倒産してしまいました。内容はひどいものでした。急に会社から、今月で会社が無くなると言われたそうです。そして、今まで利用されていた高齢者の方々も、共に働いている職員も行き場をなくしたのです。

　会社は絶対にそうなってはいけません。健全経営が大切であり、お金儲けだけでは無く、提供するサービスの価値を大

切に、安心して利用者様・家族様そして職員が働いていける魅力ある職場作りをすすめて行く必要があります。その結果、地域の方々に、広く長く継続できるサービス提供ができるからです。

そして、もう１点が未来の福祉の担い手を育てることです。福祉はマンパワーです。どういう人が介護を支援するかで、利用者様・家族に提供するサービスは大きく異なります。

つまり、良い人財を育てて行くことが法人としての大きな使命になることは間違いありません。

良い人財が欲しいと、私は思いますが良い人財とはいったいどのような人財なのかが分からないと共通像が持てませんので、私は以下のような力が必要ではないかと考えています。

① 課題形成力

仕事をするにも、変化への気づきや理想に向けて物事を見ていかなければ、サービスの向上はありません。少しでも良くする方法はないか、私たちのしている業務に明確な意味づけができるかを意識して、今までのサービスの中から課題を形成する力を養って欲しいと考えています。

② 問題解決力

課題が形成できたからと放置しておいては問題解決にはなり

ません。どこに問題があるのかをしっかり分析をした上で、効果的な対応策を立てて、実行することを繰り返すことで問題解決に繋げて貰いたいと考えます。

③　責任感

福祉はよくプロセスを大事にしなければいけないと言われます。ただ、勘違いをされている方がおられて「結果よりプロセス」「結果は、どうであれプロセスが良かった」と言われる方がいます。

先程も述べたように提供する者がどのような考えを持つかで利用者様へのサービスは大きく異なります。利用者様には悪かったけど、プロセスは良かったなんてことはプロである以上言ってはいけません。

つまり、結果を出すためのプロセスであり、それには強い責任感がなくてはいけません。自分の自己満足で限界を決めてもいけないのです。

④　忍耐力

福祉の仕事はキツイ・しんどいと言われます。しかし本当に責任を持って業務を遂行する上で楽な仕事はあるのでしょうか。

どのような仕事でもしんどい時、心の折れそうな時がありま

す。そのような中でも自らが、大変な仕事を率先して行っていくこと、他の職員をフォローしながら耐え忍ぶ力は、介護だけではなく、人の上に立つ資質として大切なことだと感じます。また、自分の成長・スキルアップにも繋がります。

⑤　コミュニケーション力・現場把握力

福祉はマンパワーと伝えました。介護を担うのは人です。人と人が話し合わず業務を進めれば、必ず歪みが出てきます。

そのため、利用者様・家族様・職員・上司等とコミュニケーションをとることで、今の職場の現状や・問題点・また、素晴らしい点が見いだせます。

介護はチームワークを無くして、良いサービスも職員のモチベーションも上がりません。良いチームワークが作れるようなコミュニケーションや聞き取り、そして発信が必要になってくるように思います。

⑥　技術力

介護技術も相談技術もそうですが、プロである以上、素人と同じではいけません。サービスの質には意味があります。本質があります。

始めは基本が大切ですが、個々によっての応用も必要になります。利用者様が安全安楽に過ごせるよう私達は高い技術力を

第5章　これからの新たな挑戦　147

持つ必要があります。

⑦　専門知識

　介護は人への援助であるため、広い専門性と他職種との連携が必要になります。経験だけでは、良いものにはなりません。正しい知識と技術を携え、常に新しい情報や知識を得ながら、リスクマネジメントや満足度の高いサービスへ繋げる義務があると感じます。

⑧　コスト意識

　介護報酬が削減され、施設としても経営が容易ではなくなってきています。お金をかければ良いサービスに繋がりますが、収入以上に支出を出せば、施設はなりゆきません。将来をみこし、必要な所にはお金を拠出し、無駄は省くこと。

　また、施設に入ってくるお金は、今の介護保険の制度では質の良いサービスをしても質の悪いサービスをしても収入は変わりません。そのような中で、利用者様家族様、職員、施設が、決まった枠の中で最高のサービス提供、パフォーマンスができるように考える必要があります。

⑨　徹底力

　サービスは、決まったことが守られなければ、意味がありま

せんし、家族との信頼関係を失うことになりかねません。

　また、規律が守られなくなれば、組織は崩れ、理念を失います。

　そのようなことが起こらないよう、決められたことを守る環境、チェック機能、できない理由があれば、そこから改善させることが大切です。

　できない理由を見つけることは簡単ですが、できる方法を模索し徹底していく規律を作りあげなければいけません。

⑩　メンバー支援・育成・指導力

　上司も部下を教育する意識、部下も自らが成長する意識を持つことで相互の信頼関係やモチベーションを高めることになります。

　また、そのような人財を増やすことが、上記に述べた力を育みます。教えないのも、全て自分でしてしまうのも部下のためになりません。介護では自立支援が大切です。それは職員も同じことです。教えて貰い、チェックして貰い、一人でできるようになることが、どれだけ職員の自信に繋がっているのか。少しでも自分で考え、自立できるように、指導しフォローをすることが将来を担う福祉人材を育てることにほかならないと考えます。

第5章　これからの新たな挑戦　*149*

　以上の力をバランス良く、そして高めていけるよう多くの職員を育てていくことが、4K などという言葉ではなく、未来ある福祉の一翼を担う人財を育てることになると考えます。

　そして、いつの日にか、明るく、眩しい、あこがれの職業が介護職となることを願います。

おわりに
― 本書を通して何を学びとらねばならないのか ―

　本書の編集にあたり、笹山周作（監修者）より高齢者施設で働く職員がどのような思いや姿勢で働いているのか、生の姿を社会に届けたいという強い希望が話されました。実際、施設の職員の様子はサービス利用などを体験しなければわからない部分もあります。高齢者虐待や離職率が高いなど介護現場がマイナスイメージでメディアに取り上げられているのは、ほんの一部の劣悪な事業者のことであり、それが一般化したイメージになってしまっているのではないかと危惧いたします。そのイメージが少しでも改善すればとの思いでこの出版に取り組みました。

　職員からどのような内容の原稿が出てくるのか楽しみでもあり心配でもありましたが、１人１人しっかりとした思いと目標をもって働かれていることを感じさせる内容でした。

　介護の世界に飛び込んだきっかけは十人十色です。きっかけも大事ですが、続けていく秘訣は利用者様と接するなかで、やりがいや喜び、楽しいこと、苦しいことなどを発見することが大切であると感じました。介護において利用者様と向き合うということは今までの生活、家族、病気、老い、死を受け入れながら目の前の利用者様の最上の生活のために支援することだと

おわりに―本書を通して何を学びとらねばならないのか―

いう共通認識のもと、職員同士が連携し共に高め合いながら切磋琢磨していることがわかりました。

最上のサービスのために施設が、働きやすい環境を整え、職員の頑張りを引き出し、チャンスを与えモチベーションを上げる努力をされている事にも新たに気づきました。

介護の仕事は誰にでもできそうでできない仕事です。私は改めて介護は究極の対人サービスだと思いました。私たちが受ける様々なサービスは一方的なものです。しかし介護サービスは利用者様と職員がともに影響し合う双方向的なものであり、利用者様の尊厳や自立を考え、時には厳しく接することもあります。それができるのは、利用者様と密に関わり、一緒に過ごす一瞬一瞬を大切にしている介護の専門職だからできることだと思いました。

介護保険の見直しや高齢者の増加、担い手不足など厳しい状況であり、今後ますます悪化していくことが考えられますが、職員の貪欲に学び取ろうとする姿勢やより質の高いサービスに挑戦する姿勢、職員同士が連携し同じ目標を目指す姿勢には、今後の介護を任せられるという頼もしさを感じました。

この本の職員たちの姿を通して介護の仕事に興味をもってもらえれば幸いです。

平成 28 年 3 月

編集　辻尾　朋子

舩木　仁子

資料　ささゆり会施設一覧

社会福祉法人　ささゆり会	
■サンライフ御立	■サンライフひろみね

平成8年10月1日開設	平成20年4月1日開設
■特別養護老人ホーム(定員100名) ■ショートステイ（定員30名） ■ケアハウス（定員36名） ■デイサービス（定員40名）	■ユニット型老人ホーム 〈小規模特養〉 （定員29名）
■デイサービスサンライフ田寺	■デイサービスサンライフ安室

平成20年7月1日開設	平成23年11月1日開設
■デイサービス（定員35名） ■居宅介護支援事業所 ■ヘルパーステーション	■デイサービス（定員40名） ■地域包括支援センター

資料　ささゆり会施設一覧　*153*

■サンライフ魚崎  平成12年4月1日開設	■介護型ケアハウスサンライフ魚崎  平成17年5月1日開設
■特別養護老人ホーム(定員30名) ■ショートステイ（定員20名） ■デイサービス（定員40名） ■地域包括支援センター ■居宅介護支援事業所 ■グループホーム（16名）	■介護型ケアハウス〈特定施設〉（定員48名）
■サンライフ土山  平成26年4月1日開設	■リハビリデイサービスサンライフ御立西  平成26年4月1日開設
■特別養護老人ホーム(定員70名) ■ショートステイ（定員10名） ■デイサービス（定員35名） ■居宅介護支援事業所	■デイサービス（定員25名）

■ 執筆者一覧

監修者

笹山　周作　（ささやま　しゅうさく）
　社会福祉法人ささゆり会理事・総括施設長

編集者

辻尾　朋子　（つじお　ともこ）
　流通科学大学　社会福祉実習助手

舩木　仁子　（ふなき　さとこ）
　特別養護老人ホームサンライフ御立　顧客対応責任者

執筆者

八木さおり　（やぎ　さおり）
　特別養護老人ホームサンライフ土山　ユニットリーダー

立花　知之　（たちばな　ともゆき）
　デイサービスサンライフ田寺　介護職

藤木　道子　（ふじき　みちこ）
　ヘルパーステーションサンライフ御立　管理者

毛利　恵子　（もうり　けいこ）
　特別養護老人ホームサンライフ土山　管理栄養士

早川さつき　（はやかわ　さつき）
　ユニット型老人ホームサンライフひろみね　看護師

長谷川英子　（はせがわ　ひでこ）
　さくらデイサービス大津居宅介護支援事業所　介護支援専門員

吉田みはる　（よしだ　みはる）
　姫路市安室地域包括支援センター　管理者

浅田　みき　（あさだ　みき）
　特別養護老人ホームサンライフ御立　介護職

木村　友紀　（きむら　ゆき）
　　ユニット型老人ホームサンライフひろみね　ユニットリーダー
河内　彩恵　（かわうち　あやえ）
　　特別養護老人ホームサンライフ御立　ケアリーダー
柴田　真弓　（しばた　まゆみ）
　　特別養護老人ホームサンライフ土山　ユニットリーダー
大部　美江　（おおべ　みえ）
　　姫路市安室地域包括支援センター　看護師
山岡　宏美　（やまおか　ひろみ）
　　デイサービスセンターサンライフ御立　介護職
片岡　　愛　（かたおか　あい）
　　特別養護老人ホームサンライフ土山　ユニットリーダー
岩崎　康子　（いわさき　やすこ）
　　姫路市安室地域包括支援センター　看護師
岡垣　弥生　（おかがき　やよい）
　　特別養護老人ホームサンライフ御立　事務員
勝目　修司　（かつめ　しゅうじ）
　　特別養護老人ホームサンライフ御立　介護職
改発　幸世　（かいはつ　ゆきよ）
　　デイサービスセンターサンライフ御立　生活相談員
植田　悠美　（うえだ　ゆみ）
　　リハビリデイサービスサンライフ御立西　生活相談員
千葉さおり　（ちば　さおり）
　　サンライフ御立居宅介護支援事業所　管理者
芦田紗矢香　（あしだ　さやか）
　　サンライフ御立居宅介護支援事業所　介護支援専門員
船引　章延　（ふなびき　あきのぶ）
　　介護付有料老人ホームサンライフ住吉川　施設長

西川　明茂　（にしかわ　あきしげ）
　　ユニット型老人ホームサンライフひろみね　施設長
首藤　恵理　（しゅうとう　えり）
　　さくらデイサービス大津　生活相談員
植田　　智　（うえだ　とも）
　　特別養護老人ホームサンライフ御立　生活相談員

イラスト作成

坂東貴美子　（ばんどう　きみこ）
　　特別養護老人ホームサンライフ土山　ユニットリーダー
上野　春香　（うえの　はるか）
　　特別養護老人ホームサンライフ魚崎　介護職
増田　恭子　（ますだ　きょうこ）
　　介護型ケアハウスサンライフ魚崎　介護職

GOOD CARE!!
— 本当の介護現場 —

2016 年 4 月 20 日　初版第 1 刷発行

■ 監 修 者 ——— 笹山周作
■ 編 著 者 ——— 辻尾朋子・舩木仁子
■ 発 行 者 ——— 佐藤　守
■ 発 行 所 ——— 株式会社 大学教育出版
　　　　　　　　 〒 700-0953　岡山市南区西市 855-4
　　　　　　　　 電話 (086) 244-1268　FAX (086) 246-0294
■ 印刷製本 ——— サンコー印刷

ⓒ2016, Printed in Japan

検印省略　　　落丁・乱丁本はお取り替えいたします。
本書のコピー・スキャン・デジタル化等の無断複製は著作権法上での例外を除
き禁じられています。本書を代行業者等の第三者に依頼してスキャンやデジタ
ル化することは、たとえ個人や家庭内での利用でも著作権法違反です。
ISBN978 - 4 - 86429 - 413 - 3